U0751040

大学生
创新创业教育

主　编：林杰钦

副主编：曾雪满　李　芳　李　东

厦门大学出版社

XIAMEN UNIVERSITY PRESS

国家一级出版社
全国百佳图书出版单位

图书在版编目（CIP）数据

大学生创新创业教育 / 林杰钦主编. -- 厦门：厦门大学出版社，2024.3
ISBN 978-7-5615-9282-3

Ⅰ．①大… Ⅱ．①林… Ⅲ．①大学生-创造教育
Ⅳ．①G640

中国国家版本馆CIP数据核字(2024)第020505号

责任编辑　许红兵　张　洁

美术编辑　蔡炜荣

技术编辑　朱　楷

出版发行　厦门大学出版社

社　　址　厦门市软件园二期望海路 39 号

邮政编码　361008

总　　机　0592-2181111　0592-2181406(传真)

营销中心　0592-2184458　0592-2181365

网　　址　http://www.xmupress.com

邮　　箱　xmup@xmupress.com

印　　刷　广东虎彩云印刷有限公司

开本　787 mm×1 092 mm　1/16

印张　12.5

字数　238 千字

版次　2024 年 3 月第 1 版

印次　2024 年 3 月第 1 次印刷

定价　48.00 元

厦门大学出版社
微信二维码

厦门大学出版社
微博二维码

本书如有印装质量问题请直接寄承印厂调换

前　言

时代发展呼唤创新创业。大学生是时代发展的主力军,是推进"大众创业、万众创新"(以下简称"双创")蓬勃发展的生力军。高等教育阶段是大学生学习知识、发展智力、增强能力、积累经验、尝试就业的重要时期,也是大学生步入社会的关键准备期。"大学生创新创业教育"课程是高校"双创"教育工作理念展示的重要窗口,是学校"双创"教育课程体系建设的策源地,更是大学生真正系统接受创新创业启蒙教育的主阵地。

为深入贯彻党的二十大精神,全面贯彻落实国家"双创"的方针政策,促进大学生创新创业能力的培养,推动"双创"持续蓬勃发展,我们编写了本教材。本教材以习近平新时代中国特色社会主义思想为指导,基于大学生创新创业实践实际,借鉴国内外先进理论,进行合理构架和内容编写。教材分上篇创新篇、下篇创业篇两部分,共十章,内容主要包括创新基础知识,创新意识与创新精神,创新思维、创新能力与创新技法,创新实践,创业基础知识,创业机会与创业风险,创业团队,创业资源,创业计划书与商业模式,大学生创新创业大赛。教材内容集实践性、科学性和系统性为一体,强调理论联系实际,融入创新创业实践案例;立足校情和学情,融入大学生创新创业大赛案例,设置实践训练部分,有针对性地提升大学生创新创业能力。

此外,本教材注重从传统纸质教材向"互联网+"新形态教材的转变,数字资源丰富,信息化手段多样,配备完整的微课教学视频及其他多种数字资源,助推线上线下混合教学模式改革,为学习者随时随地自主学习提供有力保障,为学生提供完美的交互性、拓展性学习体验。

本教材由林杰钦老师主编,负责编制大纲,进行整体策划、组织和编写工作;副主编有曾雪满、李芳、李东老师等,负责部分章节内容的编写;庄亚民、林志敏、李舜星、林佳扬、魏茂春、石国宗老师等提供相关内容素材。具体分工如下:

李芳,负责编写第一章;

李东,负责编写第二章;

曾雪满,负责编写第三章、第四章、第五章、第六章;

林杰钦,负责编写第七章、第八章、第九章、第十章。

本教材在写作过程中参阅了许多文献,除了在参考文献中列出的之外,还有许多无法一一列出,在此谨向所有文献的作者表示由衷的感谢。

编者

2024 年 4 月

目　录

上篇　创新篇

下篇　创业篇

上篇 创新篇

创新是人类社会发展进步的根本动力。拥有创新思维的人类,在生产劳动中不断发现自然规律并利用自然规律进行创新,发明,创造出更加适合人类生存与发展的环境。人类社会发展至今,已经发现和应用了部分自然规律,但还有更多未知的自然规律等待着人们的进一步挖掘发现和创新应用。回顾世界发展的历史,人类社会的每一次重大进步,无不凝聚着创新成果。

第一章 创新基础知识

学习目标

1.理解创新的概念与类型。

2.了解我国创新驱动发展战略的主要内容。

3.了解我国创新驱动发展战略的重要意义。

本章思维导图（见图1-1）

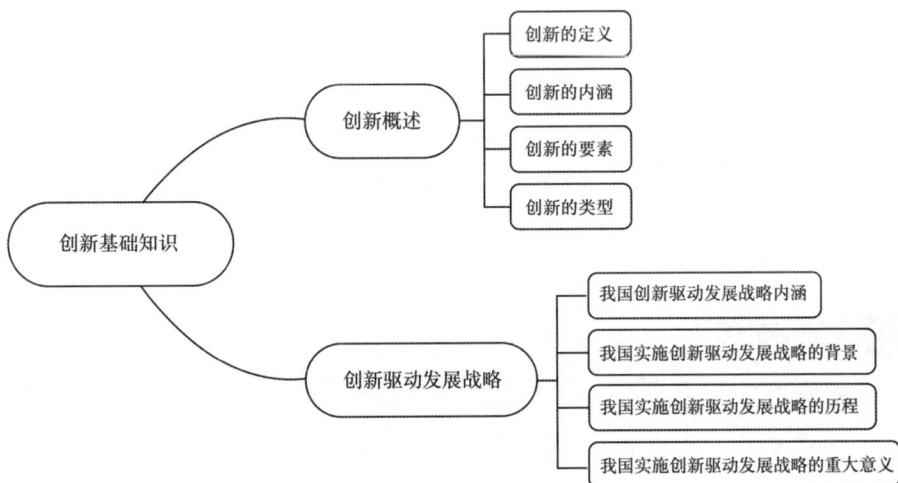

图 1-1 第一章思维导图

党和国家对大学生创新创业高度重视。2017年习近平总书记给第三届中国"互联网＋"大学生创新创业大赛"青年红色筑梦之旅"的大学生的回信中写道："祖国的青年一代有理想、有追求、有担当，实现中华民族伟大复兴就有源源不断的青春力量。希望你们扎根中国大地了解国情民情，在创新创业中增长智慧才干，在艰苦奋斗中锤炼意志品质，在亿万人民为实现中国梦而进行的伟大奋斗中实现人生价值,用青春书写无愧于时代、无愧于历史的华彩篇章。"2021 年国务院办公厅印发《关于进一步支持大学生创新创业的指导意见》(国办发〔2021〕35 号)。

课前阅读

习近平:让理想信念在创业奋斗中升华

习近平:让理想信念在创业奋斗中升华

阅读笔记:_____

_____

_____

_____

_____

_____

_____

_____

_____

_____

_____

_____

_____

创业箴言

创新是一个民族进步的灵魂,是一个国家兴旺发达的不竭动力,也是中华民族最深沉的民族禀赋。在激烈的国际竞争中,惟创新者进,惟创新者强,惟创新者胜。

——习近平

微课视频
创新精神

第一节 创新概述

创新是推动社会进步和经济发展的重要力量可以让社会效益和经济效益实现双提升。为了促进创新,我国制定了相应的政策和措施。例如:政府提供创新基金和税收优惠,鼓励企业和个人进行创新活动;高校注重培养学生的创业精神和创新能力,为大学生创业者提供支持和培训。

一、创新的定义

创新是指通过引入新的想法、方法、产品、服务或流程,以及改进现有的事物,从而创造出更有价值、更有效率、更具竞争力的解决方案的过程。创新可以发生在任何领域,包括科学、技术、商业等领域。它是一种独特的思维方式,旨在打破传统的思维模式和常规的做法,以寻求新的机会和解决问题的方法。创新通常涉及风险,具有不确定性,但可能带来巨大的回报和取得一定的成就。创新是推动社会进步和经济发展的重要驱动力,可以改变人们的生活方式,提高生产效率,推动行业发展,并解决社会和环境问题。

百度百科中"创新"的定义是:创新是指以现有的思维模式提出有别于常规或常人思路的见解,利用现有的知识和物质,在特定的环境中,本着理想化需要或为满足社会需求,而改进或创造新的事物,包括但不限于各种产品、方法、元素、路径、环境等等,并能获得一定有益效果的行为。

现代意义上的创新是一种"新观念、创新思维、以装置或方法形式出现的新想象",创新也常被视为应用更好解决方案,以满足新的、不明确的需求或现有的市场需求的行为。

创新并不局限于经济领域,在当今中国,"创新"几乎涉及各个领域。

二、创新的内涵

创新涵盖了以下几个方面的内涵。

1.创造性思维

创新需要具备创造性思维,即能够独立思考、发现问题、提出新的解决方案。这种思维方式能够突破传统的思维模式,寻找新的视角和可能性。

2.价值创造

创新的目的是创造价值。创新的产品、服务或流程应该能够满足人们的需求,解决问题,提高效率,提供更好的体验或带来更多的效益。

3.风险承担

创新往往伴随着风险。创新者需要承担失败的可能性,愿意冒险尝试新的想法和方法。只有勇于冒险,才能有机会获得更大的回报。

4.持续改进

创新不是一次性的行为,而是一个持续改进的过程。创新者需要不断地反思和改进自己的创新成果,以适应不断变化的环境和需求。

5.跨学科合作

创新往往需要跨学科的合作。不同领域的专业知识和技能的结合,能够产生更具创造性的解决方案。创新者需要与他人合作,共同探索以实现创新的目标。

总之,创新是一种积极的、有创造性的思维和行动,旨在创造新的价值和解决问题。它需要勇于冒险、持续改进和跨学科合作的精神。

三、创新的要素

创新是一种积极的行动,它推动着社会的发展和进步,为个人、组织和社会创造出新的机会和可能性。创新包括以下几个要素。

1.创新思维

这是创新的根本,强调用新的角度和方法来看待问题,提出独特的解决方案。

2.创新技术

这是创新的核心,包括新发明、新创造、新工艺等,是创新实践的重要支撑。

3.创新环境

这是创新的保障,包括政策环境、经济环境、社会环境等,这些环境因素对创新的推动作用不容忽视。

4.创新人才

这是创新的主体,是实现创新目标的关键因素。具有创新思维和创新能力的人才,是推动创新发展的重要力量。

5.创新投资

这是创新的支撑,实现创新成果通常需要大量的资金投入,用于设备购置、人才引进等。

6.创新管理

这是创新的手段,通过科学的管理手段,能够有效地推动创新实践的开展,提高创新的效率和成功率。

👆 案例分析

爱迪生的故事

爱迪生的一生有许多故事,这里主要列出如下内容:

爱迪生的生平;

11岁时的实验探索;

家庭教育与人格转变;

惜时如金和勤俭的品质;

白炽灯的发明与普及;

功成名就之后的爱迪生。

案例思考:爱迪生的故事启示我们,取得创新成果的人应该具备哪些优秀品质?

爱迪生的故事

_____

_____

_____

_____

_____

四、创新的类型

我们认为,创新是人类为了改善生产和生活环境,在已知自然规律的基础上突破传统应用的行为和成果的总和,包括自然科学发现、科技发明创造、科技应用实践等。从这个角度出发,我们可以将创新分为两大类型:基础型创新和应用型创新。

(一)基础型创新

科学发现是人类创新的基石。人类在生产劳动的实践过程中不断进行科学探索和发现,这种发现为人类改善生产和生活环境以及进行发明创造奠定了基础。

例如,21世纪初,科学家发现了CRISPR-Cas9系统,这是一种强大的基因编辑工具,可以精确地修改生物体的基因组。这一发现为遗传疾病治疗、农业生物技术、动物模型研究等领域带来了革命性的变化。又如,21世纪科学家们在高能物理实验中不断探索,发现了新的粒子,这些粒子的性质和作用机制对于人们理解宇宙的基本组成和演化具有重要意义。其中,希格斯玻色子的发现是粒子物理学领域的一项里程碑式的成就。希格斯玻色子是标准模型中最后一种未被发现的基本粒子,它的发现证明了希格斯机制的存在,并为理解物质质量的来源提供了关键线索。此外,科学家们还发现了许多其他新粒子,如顶夸克、底夸克、陶子等。这些粒子的发现不仅丰富了我们对宇宙的认识,也为我们进一步探索宇宙的奥秘提供了新的工具和手段。

综上所述,人类揭示自然规律的科学发现,以及应用自然规律所进行的发明创造,都可以归类为"基础型创新"。基础型创新成果具有首创性、突破性和劳动性的特征。

(二)应用型创新

应用型创新是指将前人的发明创造成果、新的知识和创新理念应用到实际生产、经营和社会生活中,以解决现实问题、提高效率和创造价值。它强调将创新成果转化为实际应用,实现社会效益和经济效益双赢的目标。简而言之,在发明创造基础上扩大到更多的实际应用中的创新,均属于应用型创新。

常见的应用型创新有以下几种。

1.产品创新

产品创新指的是开发新产品或改进现有产品。这种创新类型通常涉及产品设计、功能改进、性能提升等方面。

2.过程创新

过程创新指的是改进生产或业务流程。这种创新类型通常涉及流程优化、自动化、效率提升等方面。

3.服务创新

服务创新指的是提供新的服务或改进现有服务。这种创新类型通常涉及服务设计、用户体验改进、个性化定制等方面。

4.商业模式创新

商业模式创新指的是创造新的商业模式或改进现有商业模式。这种创新类型通常涉及市场定位、收益模式、合作伙伴关系等方面。

5.技术创新

技术创新指的是开发新的技术或改进现有技术。这种创新类型通常涉及科学研究、技术开发、专利申请等方面。

6.社会创新

社会创新指的是解决社会问题或改善社会福利。这种创新类型通常涉及社会企业、非营利组织、公共政策等方面。

以上只是一些常见的应用型创新类型，实际上应用型创新的形式多样，领域非常广泛，可以根据具体情况进行分类。

推荐阅读

《创造》

　　本书是为投身于科技探索的青年科技工作者编写的。语言简洁明晰、清新优美,可读性强,是学习科学方法的优良入门读物。

　　科学和技术研究工作中要做到从实际出发、如实反映客观对象并取得满足实际需求的改进,实非易事。做研究需要良好的科学素养和足够的创造能力,这些都仰赖科学方法和创造方法的训练。本书择要介绍了人类对创造问题的思考,对创造过程和创造性思维的研究作了科学分析。

《创造》

阅读笔记:

作者:傅世侠

出版社:文津出版社

出版时间:2023 年 9 月

《创新公司:皮克斯的启示》

　　这本书完整呈现了皮克斯动画从无到有的整个工作过程,打破了很多对创意过程的过度美好的幻想,展示了创造一流作品所需的血泪付出。

《创新公司:皮克斯的启示》

作者:[美]艾德·卡特姆(Ed Catmull)

　　　　[美]埃米·华莱士(Amy Wallace)

译者:靳婷婷

出版社:中信出版社

出版时间:2015 年 3 月

阅读笔记:

_____

_____

_____

_____

_____

_____

_____

_____

_____

_____

_____

_____

_____

_____

_____

_____

_____

_____

第二节 创新驱动发展战略

创业箴言

必须坚持科技是第一生产力、人才是第一资源、创新是第一动力，深入实施科教兴国战略、人才强国战略、创新驱动发展战略，开辟发展新领域新赛道，不断塑造发展新动能新优势。

——习近平

一、我国创新驱动发展战略内涵

实施创新驱动发展战略是党的十八大作出的重大战略部署，是中国适应国际竞争、转变发展方式、增强内生动力的必由之路。"创新驱动发展战略"有两层含义：一是中国未来的发展要靠科技创新驱动，而不是传统的劳动力以及资源能源驱动；二是创新的目的是驱动发展，而不是发表高水平论文。

党的十八大报告明确提出："科技创新是提高社会生产力和综合国力的战略支撑，必须摆在国家发展全局的核心位置。"强调要坚持走中国特色自主创新道路，实施创新驱动发展战略。这是我们党放眼世界、立足全局、面向未来作出的重大决策。

二、我国实施创新驱动发展战略的背景

1.创新驱动是国家命运所系

国家力量的核心支撑是科技创新能力。创新强则国运昌，创新弱则国运殆。我国近代落后挨打的重要原因是与历次科技革命失之交臂，导致科技弱、国力弱。实现中华民族伟大复兴的中国梦，必须真正用好科学技术这个最高意义上的革命力量和有力杠杆。

2.创新驱动是世界大势所趋

全球新一轮科技革命、产业变革和军事变革加速演进，科学探索向纵深

拓展,以智能、绿色、泛在为特征的群体性技术革命将引发国际产业分工重大调整,颠覆性技术不断涌现,正在重塑世界竞争格局、改变国家力量对比,创新驱动成为许多国家谋求竞争优势的核心战略。我国既面临赶超跨越的难得历史机遇,也面临差距拉大的严峻挑战。唯有勇立世界科技创新潮头,才能赢得发展主动权,为人类文明进步作出更大贡献。

3.创新驱动是发展形势所迫

我国经济发展进入新常态,传统发展动力不断减弱,粗放型增长方式难以为继。必须依靠创新驱动打造发展新引擎,培育新的经济增长点,持续提升我国经济发展的质量和效益,开辟我国发展的新空间,实现经济保持中高速增长和产业迈向中高端水平的"双目标"。

三、我国实施创新驱动发展战略的历程

"创新驱动发展战略"在党的十八大中首次亮相。

2015 年 3 月,中共中央、国务院发布《关于深化体制机制改革加快实施创新驱动发展战略的若干意见》,提出必须深化体制机制改革,加快实施创新驱动发展战略,并提出要为创新营造良好的社会环境。

2016 年 5 月,中共中央、国务院发布《国家创新驱动发展战略纲要》,为加快实施国家创新驱动发展战略作出部署。

2021 年 5 月 28 日,习近平总书记在中国科学院第二十次院士大会、中国工程院第十五次院士大会和中国科学技术学会第十次全国代表大会上强调指出,深入实施科教兴国战略、人才强国战略、创新驱动发展战略,完善国家创新体系,加快建设科技强国,实现高水平科技自立自强。

党的十九届五中全会提出,坚持创新在我国现代化建设全局中的核心地位,把科技自立自强作为国家发展的战略支撑,深入实施创新驱动发展战略,完善国家创新体系,加快建设科技强国。

2023 年 11 月 24 日,习近平总书记在关于创新驱动发展的重要论述中提到:我们要立足于科技创新,释放创新驱动的原动力,让创新成为发展基点,拓展发展新空间,创造发展新机遇,打造发展新引擎,促进新型工业化、信息化、城镇化、农业现代化同步发展,提升发展整体效能,在新的发展水平上实现协调发展。

《创新驱动发展战略
的实施及成效》

学习思考

《创新驱动发展战略的实施及成效》

扫码学习《创新驱动发展战略的实施及成效》，请思考：

1.创新驱动发展战略经历了哪些发展阶段？

2.创新驱动发展战略实施取得了哪些成效？

学习感悟：＿＿＿＿＿＿＿＿＿＿＿＿＿＿＿＿＿＿＿＿＿＿＿＿

＿＿＿＿＿＿＿＿＿＿＿＿＿＿＿＿＿＿＿＿＿＿＿＿＿＿＿＿＿＿＿＿＿

＿＿＿＿＿＿＿＿＿＿＿＿＿＿＿＿＿＿＿＿＿＿＿＿＿＿＿＿＿＿＿＿＿

＿＿＿＿＿＿＿＿＿＿＿＿＿＿＿＿＿＿＿＿＿＿＿＿＿＿＿＿＿＿＿＿＿

＿＿＿＿＿＿＿＿＿＿＿＿＿＿＿＿＿＿＿＿＿＿＿＿＿＿＿＿＿＿＿＿＿

四、我国实施创新驱动发展战略的重大意义

我国实施创新驱动发展战略意义重大，主要体现在四个方面：

（1）可以充分发挥创新优势，加快产业升级，为我国经济社会的持续发展提供强大动力；

（2）能够加快建设科技强国，实现高水平科技自立自强；

（3）能够全面推动经济社会的高质量发展，为我国建设世界科技强国奠定基础；

（4）实施创新驱动发展战略，是我国参与世界竞争的需要，也是我国未来协调发展的需要。

同步训练

《国家创新驱动发展
战略纲要》解读

《国家创新驱动发展战略纲要》解读

这是新华社记者采访时有关部门负责人对《国家创新驱动发展战略纲要》给出的解读。欲知详情，请扫描左侧二维码。

认真领会解读精神，请说说你的理解。

训练笔记：＿＿＿＿＿＿＿＿＿＿＿＿＿＿＿＿＿＿＿＿＿＿＿＿

＿＿＿＿＿＿＿＿＿＿＿＿＿＿＿＿＿＿＿＿＿＿＿＿＿＿＿＿＿＿＿＿＿

_____

_____

_____

推荐阅读

《创新驱动世界》

小到个人，中到学校、企业、军队，大到国家，创新已成为时代的主题、大家的共识。创新，既取决于创新者的品德、才智、胆魄和毅力等综合素质，更取决于创新者发现问题、解决问题的科学的思维方法。本书作者以多年的研究成果和大量生动的例证，在揭示一套完整的创新机制和创新过程的同时，向大家提供了一种崭新的、具有哲学特点和中国特色的创造性思维工具，以获取各个领域的创新权。全书内容扎实，思维发散，亮点纷呈，很有启发性和可读性。

阅读笔记：

_____

_____

_____

_____

_____

_____

_____

《创新驱动世界：制创新权
与金三极创新思维》

作者：郎加明
出版社：人民出版社
出版时间：2014 年 4 月

_____

_____

_____

_____

本章小测　　　答案及解析

第二章 创新意识与创新精神

学习目标

1.理解创新意识的概念与内涵。

2.理解创新精神的内涵与意义。

3.了解培养创新意识和创新精神的方法。

本章思维导图（见图2-1）

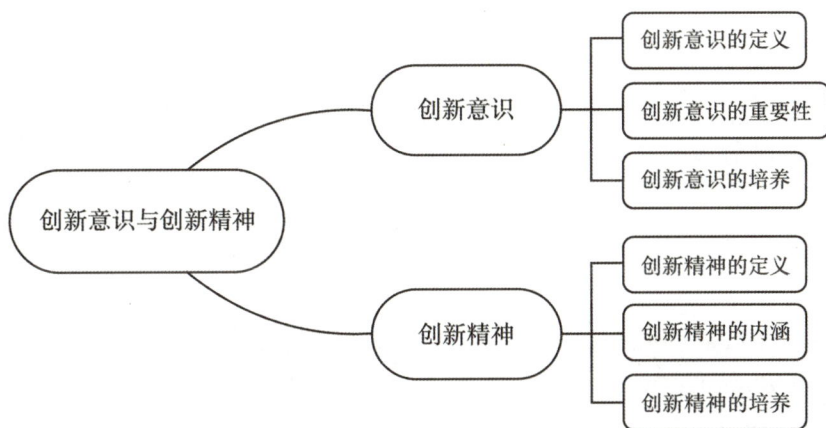

图 2-1 第二章思维导图

创新意识是指人们根据社会生活发展的需要，激发创造前所未有的事物或产生新的观念的动机，并在创造活动中表现出的意向、愿望和设想。创新意识有主动性和被动性两大类。它是人类意识活动一种积极的、富有成果性的表现形式，是人们进行创造活动的出发点和内在动力，是培养创造性思维和激发创造力的前提。创新意识包括创造动机、创造兴趣、创造情感和创造意志。青年学生是最少保守思想、最容易接受新生事物、最富创新精神的一个群体,祖国未来的发展靠青年学生,发展的希望在创新,创新的希望在青年学生。要建设创新型国家,必须从培养青年学生的创新意识着手。

二十一世纪影响力最大的科技应用创新

课前阅读

二十一世纪影响力最大的科技应用创新

阅读笔记：_____

_____

_____

_____

_____

_____

_____

_____

创业箴言

要增强创新意识、培养创新思维,展示锐意创新的勇气、敢为人先的锐气、蓬勃向上的朝气。

——习近平

微课视频
创新意识

第一节　创新意识

创新是一个民族进步的灵魂,是一个国家兴旺发达的不竭动力。党的十八届五中全会提出创新、协调、绿色、开放、共享的新发展理念,强调必须把创新摆在国家发展全局的核心位置。创新发展,当务之急是强化创新意识的自觉培养。这不仅事关国家和民族的兴旺和强盛,关系到社会的进步和发展,也关系到个人职业规划目标的实现。

一、创新意识的定义

所谓创新意识是人们对创新与创新的价值性、重要性的一种认识水平、认识程度以及由此形成的对待创新的态度，并以这种态度来规范和调整自己的活动方向的一种稳定的感知态势。创新意识总是代表着一定社会主体或个人奋斗的明确目标和价值指向性，成为一定主体产生稳定而持久的创新需要、思维定式以及理性自觉的推动力量，成为唤醒、激励和发挥人所蕴含的潜在本质力量的重要精神力量。

二、创新意识的重要性

创新是推动社会进步和经济发展的重要驱动力。创新意识使个体或组织认识到创新对于提高竞争力、适应变化和解决问题的重要性。有了创新意识才有创新的主动性，才能养成习惯性的创新思维。国家民众的创新意识对社会发展极其重要。

1.创新意识是提升一个国家、民族创新能力最直接的力量

在今天，创新能力实际上就是国家、民族发展能力的代名词，是一个国家和民族评定解决自身生存、发展问题能力大小的最客观和最重要的标准。

2.创新意识促成社会多种因素的变化，推动社会的全面进步

创新意识根源于社会生产方式，它的形成和发展必然进一步推动社会生产方式的进步，从而带动经济的飞速发展，促进上层建筑的进步；创新意识进一步推动人的思想解放，有利于人们形成开拓意识、领先意识等先进意识；创新意识会促进社会政治向更加民主、宽容的方向发展，这是创新发展所需要的基本社会条件，这些条件反过来又促进创新意识，更有利于创新活动的进行。

3.创新意识能促成人才素质结构的变化，提升人的本质力量

创新实质上确定了一种新的人才标准，它代表着人才素质变化的性质和方向，它输出着一种重要的信息：社会需要充满生机和活力的人、有开拓精神的人、有新思想道德素质和现代科学文化素质的人。它在客观上引导人们朝这个目标提高自己的素质，使人的本质力量在更高的层次上得以确证。它激发人的主体性、能动性、创造性的进一步发挥，从而使人自身的内涵获得极大丰富和扩展。

三、创新意识的培养

在当今快速发展的时代,创新意识的重要性日益凸显。培养创新意识,主要可以从以下几个方面着手。

1.鼓励好奇心和探索精神

好奇心和探索精神是创新意识的源泉。要培养创新意识,首先要鼓励人们保持对世界的好奇心,敢于探索未知领域。通过提问、观察和实验,不断拓展知识边界,从而推动创新意识的产生。

2.培养批判性思维和问题解决能力

批判性思维和问题解决能力是创新能力的体现。要培养创新意识,需要培养人们批判性地看待问题、不盲目接受表面现象、敢于挑战传统观念的意识。同时,提高人们的问题解决能力,使他们能够独立或合作解决实际问题。

3.提倡创新思维和创造性想象

创新思维和创造性想象是创新意识的灵魂。要培养创新意识,需要鼓励人们打破思维定式,尝试新的思考方式和方法。通过培养人们的创造性想象力,激发人们的创新灵感,从而推动创新的实现。

4.促进自主学习和终身学习

自主学习和终身学习是提高创新能力的有效途径。要培养创新意识,需要鼓励人们自主学习新知识,不断提高自身素质。同时,倡导终身学习理念,使人们能够不断适应变化的环境和需求。

5.实践创新行动,提升创新能力和水平

实践创新行动是提高创新能力和水平的有效途径。要培养创新意识,需要鼓励人们将创新理念转化为实际行动,通过实践验证想法的可行性和价值。同时,不断总结经验教训,调整和完善创新方案,逐步提高创新能力和水平。

6.提倡团队合作与跨界交流

团队合作和跨界交流是创新思维和创造性想象的源泉。要培养创新意识,需要鼓励不同领域、不同背景的人才相互合作,共同解决问题。通过跨界交流,拓宽视野,激发创新灵感,从而产生更具价值的创新成果。

7.构建创新文化,激励创新行为

良好的创新环境是鼓励和支持创新行为的关键。要培养创新意识,需要构建一个包容、开放、宽松的创新环境,使人们敢于尝试、勇于创新。可以通过建立健全的创新激励机制,对优秀的创新成果给予表彰和奖励,从而激励更多人积极参与创新活动。

培养创新意识对于推动个人和社会发展具有重要意义。通过上述七个方面的工作,大学生可以有效地培养创新意识。同时,要不断调整和完善培养方法,以适应时代的发展和需求,为推动人类进步和创新发展作出贡献。

学习思考

交通信号灯的创新发明

交通信号灯的创新发明

扫码阅读后请思考:人类的创新意识是怎样被激发出来的? 创新精神是如何得到体现的?

学习感悟:＿＿＿＿＿＿＿＿＿＿＿＿＿＿＿＿＿＿＿＿＿＿＿＿＿＿

＿＿＿＿＿＿＿＿＿＿＿＿＿＿＿＿＿＿＿＿＿＿＿＿＿＿＿＿＿＿＿＿＿＿

＿＿＿＿＿＿＿＿＿＿＿＿＿＿＿＿＿＿＿＿＿＿＿＿＿＿＿＿＿＿＿＿＿＿

＿＿＿＿＿＿＿＿＿＿＿＿＿＿＿＿＿＿＿＿＿＿＿＿＿＿＿＿＿＿＿＿＿＿

＿＿＿＿＿＿＿＿＿＿＿＿＿＿＿＿＿＿＿＿＿＿＿＿＿＿＿＿＿＿＿＿＿＿

推荐阅读

《创新意识》

本书采用对话形式,以培养青年学生科学人文素养作为出发点,以广泛收集培育创新意识方面的史料作为支撑点,从创新与创新意识、自主创新与社会创新意识培养、创新与智力智慧、创新与创造性人格及情感智慧、创新与人格的健全及心理障碍的克服、创新和社会环境的优化、创新意识与创新实践等多个角度进行阐释,对青年学生创新意识和创新能力的培养,有着理论和实践意义。

《创新意识》

作者:陈敬全、孙柳燕
出版社:上海科学技术出版社
出版时间:2010 年 1 月

阅读笔记:

_____

_____

_____

_____

_____

_____

_____

_____

_____

_____

微课视频
创新精神

第二节　创新精神

创业箴言

　　想象力比知识更重要,因为知识是有限的,而想象力概括着世界上的一切,推动着社会的进步。想象力是知识进步的源泉。

一、创新精神的定义

　　创新精神是指综合运用已有的知识、信息、技能和方法,提出新方法、新观点的思维能力和进行发明创造、改革、革新的意志、信心、勇气及智慧。

创新精神是一种积极主动的思维方式和行为态度,通过不断寻求新的想法、方法和解决方案,以应对不断变化的需求和挑战。它包括对传统观念和做法的质疑和挑战,以及对风险和失败的接受和应对能力。创新精神鼓励个人和组织在面对问题和机遇时,勇于尝试新的思路和方法,不断改进和追求进步。创新精神是推动社会、经济和科技发展的重要力量,能够激发创造力,促进变革,推动持续创新。

二、创新精神的内涵

创新精神是一个国家和民族发展的不竭动力,也是一个现代人应该具备的素质。

创新精神属于科学精神和科学思想范畴,是进行创新活动必须具备的一些心理特征,包括创新意识、创新兴趣、创新胆量、创新决心,以及相关的思维活动。

创新精神是一种勇于抛弃旧思想旧事物、创立新思想新事物的精神。例如:不满足已有认识(掌握的事实、建立的理论、总结的方法),不断追求新知;不满足于现有的生产生活方式、方法、工具、材料、物品,根据实际需要或新的情况,不断进行改革和革新;不墨守成规(规则、方法、理论、说法、习惯),敢于打破原有条条框框,探索新的规律、新的方法;不迷信书本、权威,敢于根据事实和自己的思考质疑书本和权威;不盲目效仿别人的想法、说法、做法,不人云亦云、唯书唯上,坚持独立思考,说自己的话、走自己的路;不喜欢一般化,追求新颖、独特、异想天开、与众不同;不僵化、呆板,灵活地应用已有知识和能力解决问题……这些都是创新精神的具体表现。

创新精神是科学精神的一个方面,与其他方面的科学精神不是矛盾的,而是统一的。例如:创新精神以敢于摒弃旧事物旧思想、创立新事物新思想为特征,同时创新精神又要以遵循客观规律为前提,只有当创新精神符合客观需要和客观规律时,才能顺利地转化为创新成果,成为促进自然和社会发展的动力;创新精神提倡新颖、独特,同时又要受到一定的道德观、价值观、审美观的制约;创新精神提倡独立思考、不人云亦云,并不是不倾听别人的意见、孤芳自赏、固执己见、狂妄自大,而是要团结合作、相互交流;创新精神提倡胆大心细、不怕犯错误,并不是鼓励犯错误,只是承认出现错误认知是科学探究过程中不可避免的;创新精神提倡不迷信书本、权威,并不是反对学习前人的经验,相反,任何创新都是在前人成就的基础上进行的;创新精神提倡大胆质疑,而质疑要有事实和思考作依据,并不是虚无主义地怀疑一切……总之,要用全面、辩证的观点看待创新精神。

只有具有创新精神,我们才能在未来的发展中不断开辟新的天地。

三、创新精神的培养

培养创新精神需要不断地学习、思考和实践,同时也需要环境和资源的支持。这是一个长期的过程。以下方法可以帮助培养创新精神。

1.保持好奇心

保持对世界的好奇心和求知欲,不断提问和追问"为什么",寻找新的解决方案,这样就会对事物有深入的探索欲望,愿意尝试新事物和探索未知领域。

2.提高观察力

培养对周围环境的敏感度,观察并发现问题、挑战和机会。

3.学习新知识

不断学习新知识,拓宽自己的视野,增加解决问题的思路和方法。

4.鼓励多样化思维

尝试不同的思维方式,包括逆向思维、联想思维、侧重思维等,以激发创新的火花。

5.鼓励团队合作

与他人合作,共享想法和知识,通过集思广益来产生创新的想法。

6.接受失败

创新过程中可能会遇到失败和挫折,但要学会从失败中吸取教训,不断调整和改进。

7.培养自信心

相信自己,敢于尝试新的想法和方法。

8.整合资源支持

整合必要的资源和支持,如加强培训,整合资金、技术支持等,以促进创新的发展。

9.鼓励独立思考

培养独立思考和决策的能力,不拘泥于传统观念和思维模式,不断反思和改进自己的工作和方法,寻找更好的解决方案和创新机会。

10.养成坚强的意志力

意志力是创新精神的精髓所在,没有坚持不懈的精神和意志,就很难取得创新成果。

学习思考

人类的创新精神——从自然规律的发现到应用

人类不断地挖掘、研究和发现电的各种自然规律,从宏观到微观从未停止过。从电的生产、储存、输送到性能"驯化"、应用,从电场、电能、电磁到原子、电子、质子、中子、夸克,这一系列不懈的研究、发现和创新应用,从未离开过富有创新精神的探索。

扫码阅读后请总结文中几位科学家的创新精神的特征。

学习感悟:＿＿＿＿＿＿＿＿＿＿＿＿＿＿＿＿＿＿＿＿＿＿＿＿＿

＿＿＿＿＿＿＿＿＿＿＿＿＿＿＿＿＿＿＿＿＿＿＿＿＿＿＿＿＿＿＿

＿＿＿＿＿＿＿＿＿＿＿＿＿＿＿＿＿＿＿＿＿＿＿＿＿＿＿＿＿＿＿

＿＿＿＿＿＿＿＿＿＿＿＿＿＿＿＿＿＿＿＿＿＿＿＿＿＿＿＿＿＿＿

＿＿＿＿＿＿＿＿＿＿＿＿＿＿＿＿＿＿＿＿＿＿＿＿＿＿＿＿＿＿＿

人类的创新精
神——从自然规
律的发现到应用

推荐阅读

《论马克思主义的创新精神》

马克思主义具有鲜明的创新精神。这不仅体现在马克思主义的创立过程和基本观点中,而且体现在马克思主义的发展历程和当代形态中。

扫码阅读后请思考马克思主义与创新的关系表现在哪几个方面。

阅读笔记:＿＿＿＿＿＿＿＿＿＿＿＿＿＿＿＿＿＿＿＿＿＿＿＿＿

＿＿＿＿＿＿＿＿＿＿＿＿＿＿＿＿＿＿＿＿＿＿＿＿＿＿＿＿＿＿＿

＿＿＿＿＿＿＿＿＿＿＿＿＿＿＿＿＿＿＿＿＿＿＿＿＿＿＿＿＿＿＿

＿＿＿＿＿＿＿＿＿＿＿＿＿＿＿＿＿＿＿＿＿＿＿＿＿＿＿＿＿＿＿

＿＿＿＿＿＿＿＿＿＿＿＿＿＿＿＿＿＿＿＿＿＿＿＿＿＿＿＿＿＿＿

论马克思主义
的创新精神

本章小测　　　　答案及解析

第三章 创新思维、创新能力与创新技法

学习目标

1.理解创新思维的定义及内涵。

2.理解创新能力的定义及内涵。

3.了解创新思维训练的方式方法。

4.了解提高创新能力的方法。

5.掌握创新技法。

本章思维导图（见图3-1）

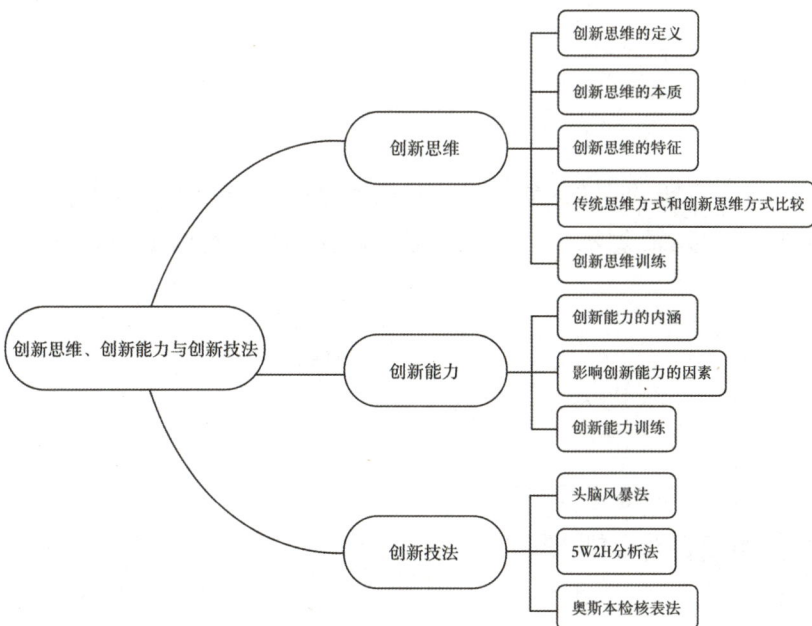

图 3-1 第三章思维导图

学习思考

门捷列夫发现
化学元素周期律

门捷列夫发现化学元素周期律

创新思维离不开联想与顿悟,离不开对前人经验的总结和自身不懈的探索。扫码阅读《门捷列夫发现化学元素周期律》,请思考创新思维是如何形成的。

学习感悟:_____

_____

_____

_____

_____

创业箴言

我们要记着,作了茧的蚕,是不会看到茧壳以外的世界的。

微课视频
创新思维

第一节　创新思维

创新是知识经济时代的灵魂。创新不是偶然的结果,而是时代的必然产物。我们所关注的创新,是一种新时代的思潮。俗话说"思路决定出路",没有创新的思维,便想不出创新的方法,就不能有创新的活动,也就没有创新的成果。

一、创新思维的定义

在思维研究领域,创新思维在很长的时间内被称为"创造性思维"或"创意思维"。由于创新思维机理的综合性和复杂性,很难给创新思维下一个完美的定义,学术界也是各抒己见、各执一词。美国心理学家科勒斯涅克(W. B. Kolesnilk)认为,创造思维是指发明或发现一种新方式,用以处理某件事情或表达某种事物的思维过程。

德国心理学家 M.韦特墨（Max Wertheimer）从格式塔（Gestalt）立场上解释思维过程："思维的本质,是通过直观认识问题的结构和要求,并按照这些结构和要求而扩展思略,并依靠它来规定结构改组的方向,从而改变问题情境。思维的任务就是把结构改组的可能性、结构的决定因素及结构的细节特征这三者从本质特征中分离出去。这种综合过程的思考,与其说是探求局部的真理,不如说是探求结构的真理。"

我国科普作家董仁威在其《新世纪青年百科全书》中认为："创新思维是相对于常规思维而言的一种思维方式。实际上,人们很难把思维活动分门别类,因为各种思维活动的形式常常是十分复杂地交织在一起的。在探讨创新思维时,为了目标的集中与简化,人们往往把创新时的思维方式称为创新思维,它是多种思维类型在活动过程中的一种有机结合。"

李嘉曾在《现代思维与改革》中认为,创新思维是指能产生前所未有的思维成果、具有崭新内容的思维。创造性思维是抽象思维、形象思维和灵感思维三种思维基本形式综合而成的特殊思维形式。

本书认为,创新思维是指不囿于原有的认识,善于独立思考、怀疑、提出问题,开拓认识新领域的思维活动。

二、创新思维的本质

创新源于创意,也就是创造的意识。有创造意识的人们会"启动"创新思维,我们不妨称这种创新思维为"创造性思维"。英国生理学家高尔顿（Galton）在 1869 年发表了《遗传的天才》,这可以说是最早关于创新思维研究的著作。学术界普遍认为,美国心理学家约瑟夫·沃拉斯（J.Wallas）在1945 年发表的《思考的艺术》是创新思维研究的标志性成果。沃拉斯认为,创新思维的过程包含了准备、孕育、顿悟和验证四个阶段。与此同时,德国心理学家 M.韦特墨发表了《创造性思维》一书,他认为,创新思维过程既不是形式逻辑的逐步操作,也不是联想主义的盲目连接,而是格式塔学派提出的格式塔结构的顿悟。

1967 年,美国心理学家吉尔福特（J.P.Guilford）提出了"智力三维结构"模型。他认为,人的智力由三个维度的多种因素组成:智力的内容、智力的操作、智力的产物。

不论前人用多么高深的理论来描述"创新思维",我们都知晓,创新思维是指以新颖独创的方法解决问题的思维过程,这种思维突破了常规思维的界限,以超常规的方法、视角去思考问题,并提出与众不同的解决方案,从而产生新颖独到的思维成果。

三、创新思维的特征

作为一种思维活动,创新思维既有一般思维的共同特点,又有区别于一般思维的独特之处,其特征主要体现在以下几个方面。

1.强烈的目的性

有别于"灵感思维"的突发性和模糊性,创新思维具有强烈的目的性。这个目标贯穿于创新思维活动的整个过程,并体现在创新成果中。

2.开创性

创新思维是与众不同的,具有区别于常规思维(抽象思维、形象思维和灵感思维)的开创性。这种开创性可能体现为独特的思维视角、新颖的思维过程或开创性的思维目标。创新思维基于常规思维而高于常规思维。

3.自由性

创新思维活动是一种开放的、灵活多变的思维活动,它的发生伴随着想象、直觉、灵感之类的非逻辑、非规范思维活动。"灵感""直觉"往往因人而异、因时而异、因问题和对象而异,所以创新思维活动具有极大的特殊性、随机性和技巧性,不能完全用逻辑来推理。创新思维活动的上述特点同个人的独特性有相似之处,即创新思维的精髓和内在的东西只属于个人,创新思维活动的结果不可能是雷同的。

创新思维不是毫无依据、天马行空的胡思乱想,它突破了传统观念、既有认知、权威论断或某些"客观条件"的制约,在尊重自然规律的基础上大胆拓展思考活动的空间,从而发现新的自然规律,或应用已知自然规律创造出造福人类的新成果。

4.不懈的探求性

创新思维伴有强烈的好奇心和不懈的探索努力。正是因为对事物现象的高度敏感和兴趣,以及对解决矛盾的执着探究,激发人们的创新思维。

四、传统思维方式和创新思维方式比较

（一）传统思维方式

在学习创新思维方式之前，让我们一起来了解一下传统的思维方式。只有在了解传统的基础上才有可能创新。思维学对思维方式的研究一般包括抽象（逻辑）思维、形象（直觉）思维和灵感（顿悟）思维，在此统称为"传统思维"。在思维的过程中，形象思维和灵感思维起着重大的突破作用，因而经常被误认为就是创新思维。

1.抽象（逻辑）思维

抽象思维又称逻辑思维，是人类借助自身的语言，思考思维对象与结果之间逻辑关系的心理活动的过程和方法。现在来看看抽象思维是如何进行的。

人们经常喜欢用这个小问题来捉弄小朋友："树上有十只小鸟，打中一只后，树上还剩几只鸟？"只要你针对小朋友的答案设定一个限制条件，就可以否定各种答案：

"一只不剩？"不对，这些鸟儿中有聋鸟！（除了聋鸟，其他鸟儿都惊飞了）

"还剩一只？"不对，中枪的掉下来，其余的都飞跑了！

……

有一个聪明的小朋友，先设定了所有可能的限制条件："小鸟是自个儿从别处飞落到这棵正常、普通且没有任何人为陷阱的树上的，每只小鸟都是健康正常的成年鸟儿。还有，射击的枪声足以惊动它们……"然后答道："因此，树上没有鸟。"

这个小朋友采用的就是抽象（逻辑）思维。因果之间的逻辑关系是在一定的先决条件下达成的，先决条件不同，结果也就不一样。

抽象思维力求在问题和结果之间建立合理的逻辑关系，而且这种关系信息可以通过语言或文字表达出来，传递给信息的需求对象，并被信息传递对象所普遍认同。通常，人们在抽象思维的过程中会有"自我对话"的语言思考过程。

2.形象（直觉）思维

当某种现象的因果之间的逻辑关系已经被人们所普遍认可时，人们便

会把这种特定的逻辑关系默认为"规律",从而形成自己的"经验"。以后在遇到类似的问题时,便会联想到"必然"的答案。这个答案通常以五官感知(视觉、听觉、触觉、味觉、嗅觉)的生动形式在人脑中闪过。这种简捷的反应过程,就是"直觉"。直觉是形象思维的典型特征。

所谓的形象思维,主要是指人们在认识世界的过程中,对事物表象进行取舍时所形成的、用直观形象的表象解决问题的思维方法。形象思维是在对形象信息传递的客观形象体系进行感受、储存的基础上,结合主观的认识和情感进行识别(包括审美判断和科学判断等),并用一定的形式、手段和工具(如文学语言、绘画线条色彩、音乐节奏旋律及操作工具等)创造和描述形象(包括艺术形象和科学形象)的一种基本的思维形式。

形象思维的重要性还体现在其特征方面。

(1)形象性

形象性是形象思维最基本的特点。形象思维所反映的对象是事物的形象,思维形式是意象、直感、想象等形象性的观念,其表达的工具和手段是能为感官所感知的视觉、听觉、触觉、味觉和嗅觉等形象性的符号。形象思维的形象性使它具有生动性、直观性、简捷性和整体性的优点。

(2)非逻辑性

形象思维不像抽象(逻辑)思维那样对信息的加工步步相连、首尾相接、线性地进行,而是可以调用许多形象性材料,一下子合在一起形成新的形象,或由一个形象跳跃到另一个形象。它对信息的加工过程不是系列加工,而是平行加工,可以使思维主体迅速从整体上把握住问题。形象思维是或然性或似真性的思维,思维的结果有待于逻辑的证明或实践的检验。

(3)粗略性

形象思维对问题的反映是粗线条的反映,对问题的把握是大体上的把握,所以,形象思维通常用于问题的定性分析中。而抽象思维可以给出精确的数量关系,所以,在实际的思维活动中,往往需要将抽象思维与形象思维巧妙结合起来,协同使用。

(4)想象性

想象是思维主体运用已有的形象形成新形象的过程。形象思维并不满足于对已有形象的再现,它更致力于追求对已有形象的加工而获得新形象产品的输出。所以,想象性使形象思维具有创造性的优点。这也说明了一个道理:富有创造力的人通常都具有极强的想象力。

3.灵感(顿悟)思维

郭沫若说,灵感"在我看来是有的,而且也很需要。不过这种现象并不是什么灵鬼附了体,或是所谓'神来',而是一种新鲜观念突然使意识强度集中了,或者是有强度的意识集中,因而在得了一种新观念而又累积地增强意识的集中度的那种现象"。北京大学教授冯国瑞认为:"所谓灵感思维,是指人们在思维活动中,综合运用多种思维方式和种种精神因素(包括理性因素和非理性因素)并在某种诱发因素的激活下而进行的一种特殊的、创造性的思维方式。"

灵感思维有几个明显的特征。

(1)突发性

灵感思维是一种"闪现"的顿悟,虽然不常有,但来的速度却是极快,快到你几乎无法捕捉它的过程(假如有过程的话)。因此,灵感思维又称为顿悟思维。

(2)积发性

灵感出现之前有一个厚积薄发的过程,是探究者的知识、经验和思考积累到一定程度的大脑思维机制的反应。灵感思维不是"神"之助力,而是探究者自身的人脑物质和强烈意识所创造的。

(3)探究性

灵感的闪现与不懈的探究息息相关。灵感闪现之前常常伴有思考者长期不懈的探究,是苦思冥想的结晶。灵感出现时常有"踏破铁鞋无觅处,得来全不费工夫"的感觉。并非所有的苦思冥想都能迎来灵感的闪现,但灵感一定是伴随着探究努力而生的。

(4)突破性

灵感思维是对思维过程、方法和结果的创造性突破,是思维的下意识创新。因此,灵感思维也常常被错误地等同为创新思维。

(5)联想性

灵感是在一定的联想基础上顿悟的。可以说,没有广泛的联想就不会有灵感。灵感是丰富的认知和经验通过思维的广泛联系所激发出来的。

(二)创新思维方式

创新思维方式是指一种能够激发创造力和推动创新的思考方式和方法。以下是一些常见的创新思维方式。

1.多元化思维

多元化思维就是不拘泥于传统思维模式,尝试从不同的角度和视角思考问题,寻找新的解决方案。多元化思维是与单一性思维相对的,是从多方面考察事物的综合性思维过程。多元化思维从思维的各个层次出发,对事物进行多角度、多方面、多因素、多变量的系统考察。多元化思维是客观世界的普遍联系在思维中的反映,它从不同的角度想问题,在同一个问题面前,能尽量提出多种设想、多种答案,以扩大选择的余地;能灵活地变换影响事物质和量的因素,从而产生新的思路;思维在一个地方受阻时,能马上转向另一方向;能用心寻找最优答案,寻求问题的最佳解决方案。

多元化思维具有单一性思维所不具有的特点。

(1)多角度性

这是指多元化思维从众多方面考察事物。多元化思维把事物的相互联系看作多样性的统一,因而要求思维的多角度性。

(2)多层次性

多元化思维是一种协同性思维,具有多层次性。思维的不同层次,如经验思维和理论思维、形象思维和抽象思维等,都是多元化思维的表现。只有将不同类型、不同层次的思维相互配合,才能更为深刻地认识世界及其发展规律。

(3)互为中介性

在以多元化思维认识世界的过程中,各种类型、形式的思维活动互相联系、互为中介,相互渗透和转化,使任何事物之间都不存在绝对的界限,而可以通过一定的条件彼此过渡。多元化思维与单一化思维是对立的统一,二者在发挥各自长处的过程中相互补充、密切配合,使思维过程不断发展、进步。对于决策者来说,实现这种对立统一,促进思维的发展、进步,是提高决策能力和水平的重要条件。

2.逆向思维

逆向思维是指从相反的角度思考问题,挑战传统观念和假设,以寻找新的创新点。逆向思维是一种思考问题的方式,它与传统的顺向思维相反。在逆向思维中,我们会从问题的结果或目标出发,逆向推导出达到这个结果或目标的方法或步骤;或者采用相反的立场和角度来思考同样的问题,以求解决问题。逆向思维常常用于解决复杂的问题或找到创新的解决方案。它可以帮助我们打破常规的思维模式,发现新的视角和可能性。

逆向思维的步骤可以概括为：确定问题或目标，明确要解决的问题或要达到的目标；反向推导，从结果或目标出发，逆向思考，寻找达到这个结果或目标的可能方法或步骤；挑战常规思维，打破传统的思维模式，尝试寻找非常规的解决方案；创造性思考，发散思维，尝试多种可能性，不拘泥于传统的限制；实践验证，将逆向思维得出的解决方案或步骤进行实践验证，看是否能够达到预期的结果。

逆向思维可以帮助我们在解决问题时更加灵活和创新，找到不同于传统思维的解决方案。它可以培养我们的创造力和问题解决能力，提高我们的思维能力和创新能力。

3.联想思维

联想思维就是通过将不同领域的知识和经验进行联想，寻找新的关联和创新点。联想思维简称联想，是人们经常用到的思维方法，是一种由一事物的表象、语词、动作或特征联想到其他事物的表象、语词、动作或特征的思维活动。通俗地讲，联想一般是由于某人或者某事而引起的相关思考，人们常说的"由此及彼""由表及里""举一反三"等就是联想思维的体现。以下几种情形都有可能引发联想。

（1）时间上或空间上的接近可能引起不同事物之间的联想。比如，当你毕业后回到学校，就可能联想到老师过去讲课的情景。

（2）由外形、性质、意义上的相似引起的联想，如由照片联想到本人等。

（3）由事物间完全对立或存在某种差异而引起的联想，其突出的特征就是挑战性、批判性。

（4）由于两个事物存在因果关系而引起的联想。这种联想往往是双向的，既可以由起因想到结果，也可以由结果想到起因。

联想思维在形象胚芽的形成和发展中有时起着"触媒"的作用。一经发生联想，胚芽便立时形成，迅速生长发育，形成形象。联想思维始终离不开思维对象的感性形象。它是能动的，却不是纯主观性的；是自由的，却不是任意性的。不论人们自觉或不自觉，联想思维总是受着客观对象的制约，因此它必然地指向一定的方向。

4.设计思维

设计思维就是以服务目标为中心，通过深入了解服务目标的需求和体验，设计出与众不同的创新解决方案。

5.整体思维

整体思维就是将问题看作一个整体，考虑各个因素之间的相互关系和影响,寻找综合解决方案。整体思维又称系统思维,它认为整体是由各个局部按照一定的秩序组织起来的,要求以整体和全面的视角把握对象。

6.创意思维

激发创意就是通过创意工具和方法,如头脑风暴法、思维导图法等,激发创造力,产生新的创意。

7.试错思维

即鼓励尝试新的想法和方法,接受失败和风险,从中获取经验和教训,不断学习、不断成长。

8.合作思维

即通过与他人合作,共享知识和资源,促进创新的发生和实现。

总之,创新思维方式可以帮助人们打破传统思维的束缚,开拓思维的边界,从而推动创新的发生和实现。

(三)传统思维方式与创新思维方式的关系

综上分析,传统思维是人们长期形成的习惯性思考方式,是习惯意识下的思考;创新思维是人们在创新意识驱动下的思考方式,是具有强烈主观意识的思考。创新思维与传统思维息息相关、密不可分。传统思维是创新思维的基础,创新思维是传统思维的创新和升华。

例如,抽象(逻辑)思维遵循常识逻辑,强调因果关系的合理性,很难摆脱现有认知的约束。创新思维大胆打破常规和惯性思维的束缚,设定创造性的逻辑关系,以不同寻常的视角、方式、方法来探求创造性的结果。创新思维的过程遵循一定的逻辑,其成果的合理性和有效性也需要抽象思维来验证,因此,抽象思维是创新思维的基础。

创新基于传统,没有传统就无所谓创新。传统思维容易使人形成模式和习惯,形成"定式思维",从而制约了人们对事物的创新。创新思维需要突破传统思维的制约,通过与众不同和前所未有的思维视角来思考事物,从而开创性地发现或应用自然规律。当然,创新思维的成果还有待传统思维的验证。总之,创新思维不是对传统思维的全盘否定,而恰恰是对传统思维的继承和发展。某种创新思维在被世人广泛接受和认可之后,也就逐渐形成定式和习惯,进而转化为传统思维,比如当今的"互联网思维"。

互联网思维以现代计算机技术和移动通信技术(互联网、大数据、云计算等)为背景,提倡"开放、平等、协作、快速、共享"的互联网精神。其本质的贡献,是让人类的信息流通打破地理空间和时间的制约,可以随时随地地交互分享。基于这种本质,人们创新了众多应用,如移动通信、云数据计算和存储、遥感遥控等等;也带动了产业和行业的变革,如互联网商贸盛行,快递行业兴起,网购成为时尚,互联网金融诞生等等。这些创新既有传统思维的影子,也不乏创新思维的火花。创新之火愈燃愈旺,传统思维也在愈充分地验证创新的效能。

五、创新思维训练

训练创新思维是一个持续的过程,以下方法可以帮助你培养创新思维。

1.多元化学习

积极获取各种不同领域的知识和经验,包括阅读书籍、参加课程、参观展览等。通过接触不同的领域,你可以拓宽思维的边界,从而激发创新思维。广阔的知识面和丰富的实践经历可以为创新思维提供充足的联想资源。

2.善于提出问题

培养提问的习惯,不断质疑现有的观点和假设。通过提出问题,你可以挑战常规思维,寻找新的解决方案。

3.使用创造性思维工具

学习和使用一些创造性思维工具,如思维导图、逆向思维、奥斯本检核表等。这些工具可以帮助你打破思维的局限,激发创新思维。

4.多角度思考

尝试从不同的角度看待问题,换位思考。通过换位思考,你可以更好地理解他人的观点和需求,从而找到更好的解决方案。

5.锻炼观察力

培养观察和发现问题的能力。观察周围的环境和人们的行为,发现其中的问题和机会,并思考如何解决这些问题或利用这些机会。

6.接受失败和风险

创新思维需要勇于尝试和接受失败。不要害怕失败,要从失败中学习,并不断调整和改进你的想法和方法。

7.团队合作

与他人合作,共同思考和解决问题。通过与他人的交流和合作,你可以获得不同的观点和思维方式,从而激发创新思维。

8.持续学习和实践

创新思维需要不断学习和实践。保持好奇心,持续学习新知识和新技能,并将其应用到实际问题中。

同步训练

创新思维的 8 种
训练方法

创新思维的 8 种训练方法

参考创新思维的 8 种训练方法,尝试进行创新思维训练。之后,请找至少两位同学,请他们给出具体建议,请记下他们的建议和你的感悟。

训练笔记:_____

_____

_____

_____

_____

推荐阅读

《创新思维》

书商们是这样推介本书的:"打开本书,你将与历史上伟大的天才们同行,拥有更强大的创新思维,评估并分析自己的脑力智能;你将彻底了解自己的天才商数和优秀特质;你将全方位掌握神奇大脑的科学知识,有效促进左右脑的协调发展;你将看透思维导图的核心原理,并学会恰当地运用,精准提升创造力、思维速度和思维能力,挖掘无限潜能;你将学会像天才一样思考,轻松解决各种难题,释放潜在的创意天赋,成为人人羡慕的艺术家、作家或音乐家;你将在拥有强大创新思维的同时,坚信自己是独一无二的,加倍爱自己。"也有人说东尼·博赞的思维导图创新思维技巧是"解密天才的思考方程式"。

事实上,东尼·博赞的创新思维技巧并没有那么神奇,真正能创造奇迹的只有读者您自己。

《创新思维》

作者:[英]东尼·博赞
出版社:中国广播影视出版社
出版时间:2023 年 10 月

阅读笔记:

_____

_____

_____

_____

_____

_____

_____

_____

_____

_____

_____

_____

微课视频
创新能力

第二节　创新能力

👤 **创业箴言**

劳动能唤起人的创造力。

我国上千年的教育发展史中,闪烁着一些简单而朴素的创新能力培养的思想和方法。例如,两千多年前,老子就在《道德经》中提出"天下万物生于有,有生于无"的创造思想;孔子提出"不愤不启,不悱不发。举一隅不以三隅反,则不复也"的思想。1919 年,我国著名教育家陶行知先生第一次把

"创造"引入教育领域,他在《第一流教育家》一文中提出要培养具有"创造精神"和"开辟精神"的人才,认为培养学生的创新能力对国家富强和民族兴旺有着重要意义。

一、创新能力的内涵

依据中华人民共和国劳动和社会保障部职业技能鉴定中心在 2002 年公布的《核心能力测评大纲:创新能力》,创新能力是指"在前人发现或发明的基础上,通过自身的努力,创造性地提出新的发现、发明或改进革新方案的能力"。参照这一定义,创新能力有三重含义:一是形成或产生新的思想、观念或创意的能力;二是利用新思想、观念或创意制造出新的产品、流程或组织等各种新事物的能力;三是应用和实现新事物价值的能力。创新能力由多种能力构成,包括学习能力、分析能力、综合能力、想象能力、批判能力、制造能力、解决问题的能力、实践能力、组织协调能力以及整合多种能力的能力。创新能力的内涵包括以下几个方面。

1. 系统性思维能力

系统性思维能力是一种逻辑抽象能力。系统思维是原则性与灵活性相结合的思维方式。这种思维方式要求人们在不失原则的前提下,采取灵活有效的方法处理事务。客观事物是多方面相互联系、发展变化的有机整体,系统思维方式就是人们运用系统观点,认识对象的互相联系的各个方面及其结构和功能的一种思维方法,是迄今为止人类所掌握的最高级思维模式,也是我们最值得花时间去掌握的。

整体性原则是系统思维方式的核心。这一原则要求人们无论干什么事都要立足整体,从整体与部分、整体与环境的相互作用的关系来认识和把握整体。也就是思考和处理问题的时候,要从整体出发,把着眼点放在全局上,注重整体效益和整体结果,用灵活的方法来处理事物。

2. 创造性思维能力

创造性思维能力是指开拓人类认知新领域、开创人类认知新成果的能力。创造性思维是以感知、记忆、思考、联想、理解等能力为基础,以综合性、探索性和求新性为特征的高级心理活动,需要人们付出艰苦的脑力劳动。

创造性思维本质是发散性思维,秉持这种思维方式,遇到问题时,能从多角度、多侧面、多层次去思考,去寻找答案,既不受现有知识的限制,也不受传统方法的束缚。其思维方式是开放性、扩散性的；其解决问题的方法更不是单一的，而是在多种方案、多种途径中去探索、选择。创造性思维具有广阔性、深刻性、独特性、批判性、敏捷性和灵活性等特点。

3.创新实践能力

创新实践能力是指将理论转化为实践，将抽象思想转化为实际成果的能力，是保证个体顺利运用已有知识、技能去解决实际问题所必须具备的那些生理和心理特征。它是对个体解决问题的过程及方式直接起稳定的调节控制作用的个体生理和心理特征的总和，是一个复杂而统一的身心能量系统。

实践能力的形成涉及生理成熟、获得经验等多种因素，是一个复杂过程。实践能力需要在个体的实践过程中形成和发展。

二、影响创新能力的因素

影响创新能力的因素包括外部因素和内在因素。

1.外部因素

创新能力受外部因素的影响很大，比如物质基础和外部力量。例如，一个人在吃不饱饭的时候，或者要养家糊口的情况下，生存的压力会迫使他把大部分精力放在谋生上，创新的巨大成本是他所无法承受的；又如，创新的成果要有价值，也就是创新者努力的成果需要被社会认可，在为社会造福的外部力量的推动下，创新者才有足够的动机战胜困难；再如，有些孩子从小就被教育"在家要听家长的话，在学校要听老师的话，在单位要听领导的话"，于是，服从、听话就成了他们做人的基本准则，缺乏一种创造的内在冲动，缺乏一种大胆质疑的批判思维能力。

2.内在因素

影响创新能力的内在因素，包括智商和毅力。智商决定了一个人对事物理解的速度和深度，以及对规律掌握的程度，这是创新的基础。毅力也就是做事情坚持不懈、永不放弃的意志。正如前面所说，创新是一个艰苦的努力过程，可能过程乏味，可能经常失败，如果没有毅力坚持下去，成功也就无从谈起。

在如今大时代背景下，创新能力已经成为未来成功的关键能力。创新能力既是实现中华民族伟大复兴的强大力量，又是青少年自身成长成才的内在需要。

三、创新能力训练

训练创新能力是一个持续的过程,以下方法可以帮助你提高创新能力。

1.培养好奇心

培养对周围世界的好奇心,不断探索新的领域和知识,开拓思维的边界。

2.多角度思考

学会从不同的角度看待问题,尝试用不同的思维方式解决问题,避免陷入固定的思维模式。

3.提出问题

学会提出有挑战性的问题,激发思考和寻找创新解决方案的动力。

4.接受失败

接受失败并从中学习,将失败看作一个反馈和改进的机会,不断尝试新的方法和思路。

5.进行团队合作

与他人合作,共享想法和资源,通过集思广益来产生创新的想法和解决方案。

6.学会观察和倾听

观察周围的环境和人们的需求,倾听他人的意见和建议,从中获得灵感和创新的启示。

7.不断学习和更新知识

保持学习的态度,不断更新自己的知识和技能,跟上时代发展和变化的步伐。

8.敢于冒险和尝试

不怕冒险和失败,勇于尝试新的想法和方法,不断挑战自己的"舒适区"。

9.培养解决问题的能力

学会分析问题的本质和根本原因,寻找切实可行的解决方案。

10.坚持实践和反思

将创新的想法付诸实践,并及时反思和总结经验教训,不断改进解决方案和提高创新能力。

通过以上训练方法,你可以逐渐提高自己的创新能力,并在工作和生活中发挥更大的创造力和影响力。

推荐阅读

《创新创造能力训练》

本书应用先进的建构主义学习理论,对创造思维、创造技法、团队创新创造能力、创新技能和创新人格等内容作了有效的训练设计。书中内容既"新"又"活",讲求创新创造能力培育规律,具有强烈的时代感、知识性、趣味性和实用性,能激发学习者的求知欲,调动人们开展创新创造实践的积极性。

《创新创造能力训练》

作者:陶学忠
出版社:中国经济出版社
出版时间:2008 年 7 月

阅读笔记:
_____
_____
_____
_____
_____
_____
_____
_____
_____
_____
_____
_____
_____
_____

微课视频
创新技法

第三节　创新技法

创业箴言

创新就是找到一个新的问题,然后解决它。

20 世纪中叶到 21 世纪是高度重视创新的时代,世界各国的专家和学者经过前赴后继的不懈研究,创建了各种创新思维理论,提出了多种创新技法。其中被社会广泛应用至今的著名创新技法主要有头脑风暴法、5W2H分析法、奥斯本检核表法等。

一、头脑风暴法

头脑风暴法是一种集思广益的创新方法,旨在通过集中讨论和自由发挥想象力,产生大量富有创意和解决问题的方法。在头脑风暴法中,参与者可以自由表达自己的想法,不受限制地提出各种可能的解决方案。头脑风暴法的具体实施步骤如下。

1.定义问题

明确要解决的问题或目标。

2.设定规则

确保参与者能够自由表达想法,鼓励大胆和创新的思维。

3.生成想法

参与者可以自由提出各种想法,不论其可行性或实用性。

4.鼓励联想

鼓励参与者联想并引发其他人的想法,以激发更多创意。

5.不评判和批评

在头脑风暴的过程中,不评判或批评任何想法,以鼓励参与者敞开心扉。

6.结合和发展

将不同的想法结合起来,发展出更具创新性和实用性的解决方案。

7.评估和筛选

在头脑风暴结束后,对所有提出的想法进行评估和筛选,选出最具潜力的解决方案。

8.实施和迭代

将选定的解决方案付诸实施,并根据反馈进行调整和改进。

头脑风暴法可以在团队会议、创新工作坊、项目规划等场合中使用,有助于激发创造力和团队合作精神,促进问题解决和创新发展。

二、5W2H 分析法

5W2H 分析法又叫七问分析法,诞生于二战中美国陆军兵器修理部。5W2H 分析法简单方便,易于理解,实用,富有启发意义,广泛应用于企业管理和技术活动中,对于决策非常有帮助,有助于弥补考虑问题时的疏漏。

发明者用五个以 W 开头的英语单词和两个以 H 开头的英语单词进行提问,发现解决问题的线索,寻找发明思路,进行设计构思,从而创造出新的发明项目。具体如下。

1.What——做什么

如:哪一部分工作要做?目的是什么?重点是什么?与什么有关系?工作对象是什么?等等。

2.Why——为什么

即为什么要做?可不可以不做?有没有替代方案?如:为什么采用这个技术参数?为什么不能有响声?为什么停用?为什么要做成这个形状?为什么采用机器代替人力?为什么产品的制造要经过这么多环节?为什么非做不可?等等。

3.Who——谁

即由谁来做?如:谁来办最方便?谁会生产?谁可以办?谁是顾客?谁被忽略了?谁是决策人?谁会受益?等等。

4.When——何时

即什么时间做?什么时机最适宜?如:何时要完成?何时安装?何时

销售？何时是最佳营业时间？何时工作人员容易疲劳？何时产量最高？何时完成最为合适？需要几天才算合理？等等。

5.Where——何处

即在哪里做？如：何地最适宜某物生长？何处生产最经济？从何处买？还有什么地方可以作销售点？安装在什么地方最合适？何地有资源？等等。

6.How——怎么做

如：怎样做省力？怎样做最快？怎样做效率最高？怎样改进？怎样得到？怎样避免失败？怎样增加销路？怎样提高效率？怎样才能使产品更加美观大方？怎样使产品用起来方便？等等。

7.How much——多少

如：做到什么程度？数量如何？质量水平如何？费用支出如何？等等。

发现问题、提出疑问和解决问题都是极其重要的。创造力强的人，都具有善于提问题的能力。众所周知，提出一个好的问题，就意味着问题解决了一半。提问题的技巧高，可以发挥人的想象力。相反，有些问题提出来，反而会挫伤人的想象力。如果提的问题中常有"假如……""如果……""是否……"这样的疑问，需要更强的想象力。

在发明设计中，对问题不敏感、看不出问题，是与平时不善于提问有密切关系的。对一个问题追根刨底，更有可能发现新的知识和新的疑问。所以从根本上说，首先要学会提问、善于提问。阻碍个人主动提问的原因有：一是怕提问多被别人看成什么也不懂的傻瓜；二是随着年龄的增长，提问求知欲望渐渐淡薄；三是提问得不到答复和鼓励，反而遭人讥讽，就会丧失提问的兴趣。这些原因都阻碍了人的创造性的发挥。

三、奥斯本检核表法

1941 年，美国创造学之父亚历克斯·奥斯本（Alex Faickney Osborn）出版了创造学专著《创造性想象》。在该专著中，奥斯本首次提出了"奥斯本检核表"，将它作为创新思维方法之一。奥斯本认为，任何创新都起源于质疑，通过"为什么"的提问，综合应用各种思维，改变原有条件，就能产生新的想法。

奥斯本的检核表是针对某种特定要求而制定的检核表，主要用于新产品的研制开发。该技法引导主体在创造过程中对照 9 个方面的问题进行思考，以便启迪思路，开拓思维想象的空间，促进产生新设想、新方案。主要针对的 9 个问题是：有无其他用途、能否借用、能否改变、能否扩大、能否缩小、能否代用、能否调整、能否颠倒、能否组合。

1.有无其他用途

思考一下，现有的产品在保持不变或略作修改的情形下有无其他用途？能否扩大用途？同一领域现有的创意、创新、创造发明成果可否引入到本产品中？本产品是否可以应用于现有的创意、创新、创造发明成果？启动你的加法思维、减法思维、化整为零、集零为整等各种想法，创新成果可能由此产生。

以移动通信工具——手机为例，我们可以从它的发展过程中看到人们在其"有无其他用途"方面的探索。从大型的无线电话装置，到可以肩背携带的无线电话，到可随身带走的"大哥大"，再到更加便携的智能手机，通信工具的外形在不断变小（见图 3-2）。从智能手机的发展来看，其使用功能不断增加，除通信外的"其他用途"范围也在不断扩大。

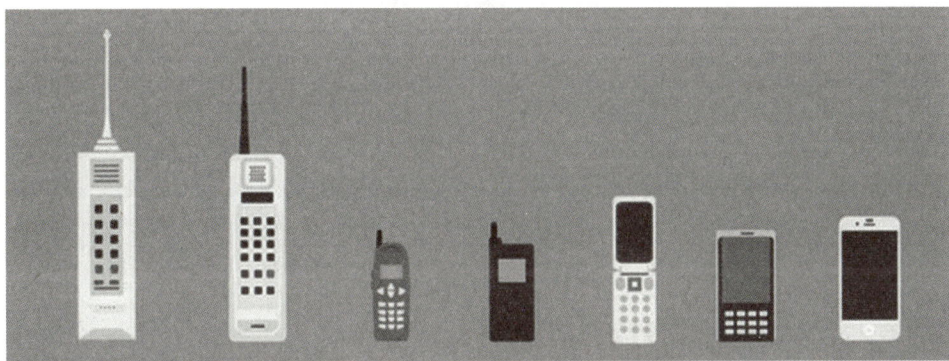

图 3-2 从"大哥大"到智能手机的外形变化

2.能否借用

思考一下，有无类似的东西？利用类比能否产生新的观念？过去有无类似的问题？可否模仿？能否超过？可否引入其他领域的创造性设想或成果？外界类似的想法能否借鉴？有无既往的事物可以模仿？将这些问题用于辅助发明向深度、广度、纵向、横向等拓展，从而形成一系列的发明产品。

例如，早期的移动电话（"大哥大"）只能拨打和接听电话，寻呼机专用于发送和接收短信，而现在的智能手机却成为几乎包揽全部信息沟通功能的通信工具,甚至连录音、摄影摄像、身份识别、购物、支付等功能都已具备。手机功能的不断丰富,是建立在互联网技术和现代移动通信技术发展基础上的,是引入这些技术的创造性成果。

3.能否改变

思考一下,可否改变功能?可否改变颜色?可否改变形状?可否改变运动方式?可否改变气味?可否改变外形?是否还有其他改变的可能性?

比如,汽车的轮子都是圆的,若是变成别的形状又会怎样?能否通过改变车轮的形状生产出适合行驶在阶梯上的汽车?

4.能否扩大

思考一下,可否增加些什么?可否附加些什么?可否增加使用时间?可否增加频率?可否加大尺寸?可否加大强度?可否提高性能?可否增加新成分?可否扩大若干倍?可否夸大?

比如,现有物品能否扩大使用范围?能否增加使用功能?能否延长使用寿命?能否增加长度、厚度等?

5.能否缩小

思考一下,可否减少些什么?可否密集?可否压缩?可否聚合?可否微型化?可否缩短?可否变窄?可否去掉?可否分割?可否减轻?可否变成流线型?

比如,现有物品能否使其体积变小、长度变短、重量变轻、厚度变薄以及拆分或省略某些部分?能否浓缩化、省力化、方便化?

6.能否代用

思考一下,现有物品能否用其他材料、元件等替代?用什么代替?还有什么别的排列?还有什么别的成分?还有什么别的材料?还有什么别的能源?还有什么别的颜色?等等。

7.能否调整

思考一下,能否变换排列顺序、位置、时间、速度、计划、型号?内部元件可否交换?

比如,现有物品有无可互换的成分?可否变换模式?可否变换操作工序?可否变换速度或频率?

8.能否颠倒

思考一下,现有物品能否从里外/正反、上下、主次、正负、因果/头尾等角度颠倒过来？等等。

9.能否组合

思考一下,现有的物品能否进行位置组合、材料组合、部件组合、形状组合、功能组合、目的组合?

◆ 同步训练

手电筒引出
的创新

手电筒引出的创新

从奥斯本检核表的视角看,传统的手电筒能引出怎样的创新成果?请扫描二维码阅读相关资料。

奥斯本检核表给我们提供了创新思维的"套路"。很明显,它是针对经济领域的,尤其是产品。那么,在其他领域是否也可以应用?如果我们就用奥斯本检核表来检核它自己,会得出怎样的结论?

训练笔记:＿＿＿＿＿＿＿＿＿＿＿＿＿＿＿＿＿＿＿＿＿＿＿＿＿＿＿＿＿

＿＿＿＿＿＿＿＿＿＿＿＿＿＿＿＿＿＿＿＿＿＿＿＿＿＿＿＿＿＿＿＿＿＿＿＿＿＿＿

＿＿＿＿＿＿＿＿＿＿＿＿＿＿＿＿＿＿＿＿＿＿＿＿＿＿＿＿＿＿＿＿＿＿＿＿＿＿＿

＿＿＿＿＿＿＿＿＿＿＿＿＿＿＿＿＿＿＿＿＿＿＿＿＿＿＿＿＿＿＿＿＿＿＿＿＿＿＿

＿＿＿＿＿＿＿＿＿＿＿＿＿＿＿＿＿＿＿＿＿＿＿＿＿＿＿＿＿＿＿＿＿＿＿＿＿＿＿

＿＿＿＿＿＿＿＿＿＿＿＿＿＿＿＿＿＿＿＿＿＿＿＿＿＿＿＿＿＿＿＿＿＿＿＿＿＿＿

▣ 推荐阅读

《TRIZ 理论入门导读》

TRIZ 理论(发明问题解决理论)的强大作用正在于它为人们创造性地发现问题和解决问题提供了系统的理论和方法工具。现代 TRIZ 理论体系主要包括以下几个方面的内容:提出了创新思维方法与问题分析方法,制定了技术系统进化法则,总结了技术矛盾解决原理,指出了创新问题标准解法,创造了发明问题解决算法,并建立了基于物理、化学、几何学等工程学原理而构建的知识库。

《TRIZ 理论入门导读》

作者：黑龙江省科学技术厅
出版社：黑龙江科学技术出版社
出版时间：2007 年 1 月

阅读笔记：

本章小测　　　答案及解析

第四章　创新实践

1.理解创新发明的概念与内涵。

2.理解创新发明的过程。

3.了解创新成果的概念与内涵。

4.了解大学生创新成果转化的路径与方法。

5.培养创新实践能力。

本章思维导图（见图4-1）

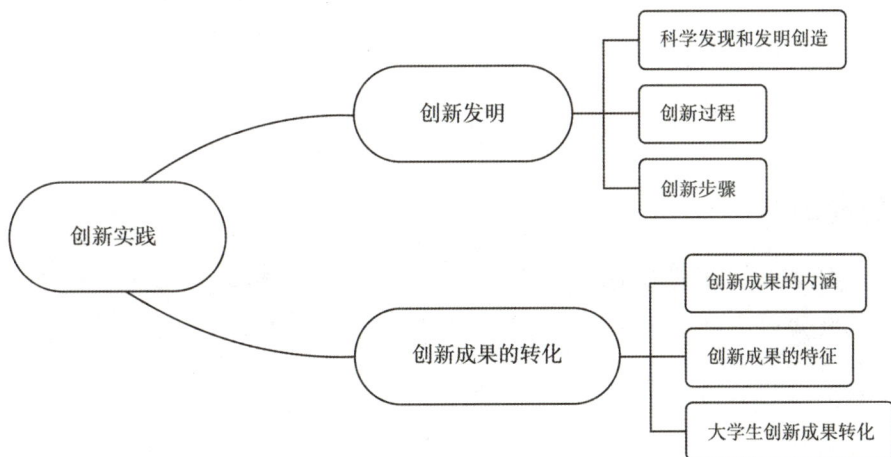

图 4-1　第四章思维导图

　　创新实践是一种重要的思维和行动方式,通过创造性思维和行动,解决问题、改变现状或创造新的价值,推动社会进步和个人发展。创新实践可以发生在各个领域,包括科学、技术、商业、教育、艺术等领域。创新实践的核心是创造性思维和创造性行动。创造性思维是指独立思考、提出新的观点和解决方案的思维。创造性行动是指将创新的想法付诸实践,并不断尝试、调整和改进。创新实践推动社会进步和经济发展。通过创新实践,可以提高生产效率,改善生活质量,解决社会问题,推动科学技术进步等。同时,创新实践也是个人和组织发展的重要途径。就个人而言,创新实践可以培养创新能力,提升职场竞争力,实现个人价值;就组织而言,创新实践可以提高组织的竞争力,实现组织价值的增长。

课前阅读

电子计算机
发展大事记

电子计算机发展大事记

电子计算机(电脑)在当今社会的应用,推进了人类社会各方面的发展,这种发展经历了不断的创新与发明。了解电子计算机的前世今生,评估其未来的可能性,对大学生的创新发明有一定的启发作用。

请扫码阅读,并记下自己的心得。

阅读笔记:_____

_____

_____

_____

_____

创业箴言

既然像螃蟹这样的东西,人们都很爱吃,那么蜘蛛也一定有人吃过,只不过后来知道不好吃才不吃了,但是第一个吃螃蟹的人一定是个勇士。

微课视频
创新发明

第一节　创新发明

创新发明是指通过创造性思维和创新技术,开发出新的产品、服务或提出新的解决方案,以满足市场需求或解决现有问题。创新发明通常涉及新的理念、设计、材料、技术或方法,可以改变现有的方式和模式。创新发明可以来自个人、团队或组织，可以是基于科学研究、技术进步、市场洞察或社会需求的发现。创新发明对于推动社会进步、经济发展和改善人们生活质量具有重要作用。

一、科学发现和发明创造

（一）科学发现

科学发现是指对自然规律的发现，是一切科学活动的直接目标，重要的事实或理论的发现是科学进步的主要标志。这两类发现又是互相联系、互相促进的。例如，19 世纪末以来，电子、X 射线、放射性等的发现促成了原子结构和原子核理论的建立，而后者又推动了各种基本粒子的发现，为粒子物理学的诞生做好了准备。重大的科学发现，特别是重大理论的提出，往往能引发某一学科甚至整个科学的革命。

科学发现是创造性思维的结果，它往往求助于直觉、想象力，这就必然涉及科学家的文化素养、心理结构甚至性格特征等复杂的个人因素，有时还具有很大的偶然性。但这并不意味着科学发现毫无规律性可循。科学史上有大量所谓"同时发现"的记载，说明任何发现归根结底都是在一定社会文化背景中社会实践和科学自身需要的产物，特别是事实的发现往往直接受到社会生产水平和仪器装置制造技术的制约。因此，科学发现在科学发展的总进程中是必然的、合乎规律的，它具有自己的"逻辑"，有人还明确地称之为"科学发现的逻辑"。这种"逻辑"有别于单纯从事实归纳出理论或者从理论演绎出事实的形式逻辑。

（二）发明创造

发明创造即发明，是应用自然规律解决技术领域中特有问题而提出创新性方案、措施的过程和成果。

在知识产权领域，发明是指《专利法》所保护的发明创造的其中一种专利类型，是指对产品、方法或其改进所提出的新的技术方案。在专利领域中的发明有其规定的保护对象。

发明通常解决了现有问题或满足了人们的需求，具有以下几个特征。

1.创新性

发明必须具有创新性，即与现有的产品、技术或方法有所不同。它可以是一种全新的概念,一种改进或优化的方法,或者是将不同领域的知识结合起来创造出的新产品。

2.实用性

发明必须具有实际应用的价值,能够解决现实生活中的问题或满足人们的需求。它可以提高生产效率,改善生活质量,解决环境问题等。

3.独特性

发明必须具有独特性,与已有的发明有所区别。它可以通过专利或其他知识产权的保护来确保其独特性,防止他人抄袭或复制。

4.商业价值

发明具有商业价值,可以为发明者带来经济利益。它可以通过销售产品、提供服务、授权专利等方式实现商业化。

5.社会影响

发明对社会产生积极的影响,可以改变人们的生活方式,推动社会进步,促进经济发展等。它可以带来新的产业,创造就业机会,改善环境等。

总之,发明是通过创造性思维和创新方法创造出新的产品、技术、方法或系统,具有创新性、实用性、独特性、商业价值和社会影响。

（三）科学发现与发明创造的关系

发明创造不同于科学发现,发明创造主要是创造出过去没有的事物,而科学发现主要是揭示未知事物的存在及其属性等自然规律。能够影响整个人类科技进步的重大发明创造,往往是直接建立在科学发现基础上的首创。发明创造与科学发现是相辅相成的关系。

1.科学发现是发明创造的前提和基础

只有通过科学发现,我们才能认识到现有的问题、现象或规律,从而激发出发明创造的动力。例如,发现地球围绕太阳运行的规律,为后来的天文学家发明创造出观测太阳的仪器打下了基础;发现细菌和病毒的存在,推动了医学和生物学的发展,促进了人类对治疗药物的发明创造。

2.科学发现可以引发发明创造的灵感

通过对问题的观察和研究,我们可以发现其中的规律或不足之处,从而启发我们进行创新和发明。例如,发现传统的照明设备存在能源浪费和环境污染的问题,激发了人们研发 LED(发光二极管)照明技术的动力;发现传统交通方式存在拥堵和污染的问题,推动了人们研发电动汽车和智能交通系统的创新。

3.发明创造可以验证和深化科学发现

通过发明创造的实践和应用,我们可以进一步验证科学发现的准确性和可行性,从而加深对现象或规律的理解。例如,通过发明电子显微镜,科学家们能够观察到微观世界的细节,验证细胞学说的正确性;通过发明计算机和互联网,人们能够更好地处理和分析数据,验证了信息时代的到来。

4.科学发现和发明创造的互动可以形成良性循环

科学家和工程师在发现新现象或问题的过程中,会不断进行发明创造,进一步推动科学和技术的发展。而新的发明创造又会为更深层次的科学发现提供新的工具和方法。这种互动促进了科学技术的不断进步和突破。

5.科学发现和发明创造是不可分割的

科学发现为发明创造提供了基础和动力,而发明创造则验证和深化了科学发现,推动了科学和技术的进步。这种相互关系和互动使得人类不断创新和发明,推动了社会的进步和发展。我们应该重视科学发现和发明创造的重要性,为科学和技术的发展做出自己的贡献。

二、创新过程

人人都有能力创造一些新观点、新方法,问题是如何掌握和运用更高效、更简便的步骤去创新。创造力是大脑与生俱来的一种能力,要充分获得这种能力,你必须常常锻炼它、加强它、利用它为你服务。

（一）四阶段论

英国心理学家瓦拉斯(Wallas)于1926年提出的关于创造性解决问题的理论,称为"创造性思维四阶段论"。依据这个理论,创新过程可以分为四个阶段,依次为:准备期、孕育期(酝酿期)、明朗期和验证期。

1.准备期

在准备期,解决问题者由情境的刺激引起多方面的联想观念,经过筛选,抛弃一些对解决问题无用的观念,仔细检查另一些观念,逐渐明辨问题的特点,发现解决的头绪。

2.孕育期

孕育期介于准备期与明朗期之间。其性质和持续时间变化很大,可能只需几分钟,也可能要几天、几个月甚至几年。其特征是:问题被搁置一旁,没有有意识地开展工作,但以后重新注意到,迅速解决了问题,或至少在以前的基础上跃进了一步。

3.明朗期

明朗期是指突然意识到问题如何解决的阶段。可用"顿悟"一词描述。这种意识经验可能是正确的,也可能是错误的。

4.验证期

验证期是解决问题的最后阶段。此时将前一阶段提出的一般方法进一步具体化,并加以应用和检验。

(二)五阶段论

我国有学者将创新过程分为五个阶段,即设想阶段、准备阶段、酝酿阶段、激发阶段和核实阶段。

1.设想阶段

这一阶段,你想要设计程序用来解决某个问题,或者想革新某一产品,或者要写一篇论文等。产生这些想法可称为大脑创造过程第一阶段。

2.准备阶段

为了实现你的设想,你必须着手挖掘一切行之有效的方法,即尽可能地收集与你要解决的课题有关的信息资料,如上网查询、广泛阅读、多做笔记、常与他人交谈、探讨问题、收集情报。在这个阶段,要善于广采博纳,吸取他人的长处,使之成为你驰骋想象的出发点。

3.酝酿阶段

进入酝酿阶段后,你的潜意识就起着十分重要的作用。这时,你应该有充分的思想准备,酝酿斟酌一段时间甚至更长。

4.激发阶段

激发阶段是创新过程的高潮。当初步设想再次闪入你的脑海中时,须臾之间,你可能一下子豁然开朗。达尔文为他的进化论收集了大量的信息、资料。一天,正当他坐在一辆马车里时,突然,一切平时苦思冥想的东西都涌进他的脑海。达尔文曾写道:"我记得,就在那条路的某个地方,一种方法突然在我心里萌发了。"激发阶段是创造过程中最令人激动、兴奋的阶段。但别忘了随时记下稍纵即逝的灵感！

5.核实阶段

一切奇妙的设想有时是极不可靠的,这时,就要运用理智和逻辑判断。以逻辑为标准,要么保留,要么摈弃你的某些预想和灵感。你要尽可能地回到现实中来,客观地重新审视你的思想。同时还应征求同仁的意见,以使你的想法趋于完善和成熟。

综上所述,要注意创新的循环过程,关键是认识这五个不同的阶段。最初是人的发明愿望;随后是漫长的观察和信息资料收集阶段;继而进入设想的酝酿阶段,这时,潜意识起着极大的作用;然后,再上升到激发阶段,此时,潜意识的结果显露出来,要及时抓住它;最后,还有一个修正、核实的过程。

三、创新步骤

1.确定问题或需求

创新的过程通常始于对某个问题或需求的认识。这可能是一个现有技术或产品的不足之处,或者是一个新的市场机会。

2.研究和调研

在确定问题或需求后,创新者需要进行大量的研究和调研工作。这包括了解相关领域的现有技术和产品,了解市场需求和竞争情况,以及寻找可能的解决方案。

3.创意和构思

在研究和调研的基础上,开始进行创意和构思工作。这可能包括头脑风暴、草图设计、实验和模型制作等,以找到解决问题或满足需求的新想法和方法。

4.原型制作和测试

一旦有了初步的构思,创新者通常会制作一个原型,并进行测试和验证。这可以帮助创新者了解原型的可行性和效果,并进行必要的改进和调整。

5.专利申请

如果原型经过测试后证明是有效的,创新者通常会考虑申请专利来保护自己的发明。这需要撰写专利申请文件,并提交给相关的专利机构进行审查和批准。

6.生产和推广

一旦获得专利保护,创新者可以考虑将创新成果投入生产,并进行市场推广。这可能涉及与制造商、合作伙伴或投资者的合作,以及市场营销策略的制定。

需要注意的是,创新的过程是一个循序渐进的过程,需要不断地尝试、改进和调整。创新者需要掌握技术知识,具备创新思维、市场洞察力以及耐心和毅力,来克服困难、迎接挑战。

✎ 同步训练

都市停车位
预订导航

都市停车位预订导航

扫码阅读后请思考:"我"还发现了社会上的哪些"闹心事"?"我"能不能也带领一个团队创新发明一款软件,彻底解决这些"闹心事"?

训练笔记:_____

_____

_____

_____

_____

📰 推荐阅读

《创新与发明》

本书以初学者的视角,结合创新问题的求解流程,介绍各个创新工具及其选择策略。这些创新工具包括发明技巧、技术进化法则、物场分析、功能分析、裁剪、科学效应、资源分析、多屏幕法、金鱼法、小矮人法、STC算子法,以及可拓建模、拓展分析、可拓变换、优度评价等,并给出专利申请文件撰写方法、专利规避设计方法、创新与发明实例等。

《创新与发明》

INNOVATION AND INVENTION

创新与发明

江 帆 陈美蓉 编著
戴杰涛 黄尊地

《创新与发明》

作者:江帆 等
出版社:浙江大学出版社
出版时间:2022 年 5 月

第二节 创新成果的转化

创业箴言

创新,是将创造力转化为价值的能力。

一、创新成果的内涵

创新成果是指在某个领域或行业中,通过创新思维和方法所取得的新的、有价值的成果。创新成果可以是新的理论、发明创造,或是新的产品、技术、服务、流程、模式等,它们能够带来经济、社会或环境方面的正向改变。

创新成果通常具有这些特点：独特性、新颖性、实用性、可持续性和创造价值。创新成果是推动社会进步和经济发展的重要驱动力，对于企业和国家增强竞争力和可持续发展具有重要意义。

以下是一些常见的创新成果。

1.新产品

即通过研发和设计，创造出具有新功能、新特点或新用途的产品，例如智能手机、无人机、虚拟现实设备等。

2.新技术

即通过科学研究和技术创新，开发出新的技术方法、工艺，例如人工智能技术、基因编辑技术、3D打印技术等。

3.新服务

即通过改进服务流程、提供新的服务方式或创造新的服务领域，满足人们的需求，例如共享经济平台、在线教育平台、智能家居服务等。

4.新商业模式

即通过创新商业模式，改变传统产业的运作方式，创造新的商业价值，例如电子商务、订阅制服务、共享经济等。

5.新创业项目

即通过创办新的企业或项目，解决社会问题或满足市场需求，例如科技创业公司、创客空间等。

二、创新成果的特征

创新成果具有以下几个特征。

1.新颖性

创新成果必须具有新颖的特征，与现有的产品、服务或解决方案有所区别。它可以是一种全新的概念、技术、设计或方法，能够带来新的价值和效益。

2.独特性

创新成果应该具有独特性，与竞争对手的产品或解决方案有所区别。它可以通过独特的功能、设计、品质或用户体验来吸引用户，并在市场上脱颖而出。

3.实用性

创新成果应该具有实际应用的价值,能够解决现实生活或工作中的问题。它应该能够满足用户的需求,并提供更好、更高效的解决方案。

4.可持续性

创新成果应该具有可持续发展的特征,能够在长期内保持竞争力和占有的市场份额。它应该能够适应不断变化的市场需求和技术环境,并不断进行改进和升级。

5.创造价值

创新成果应该能够创造经济、社会或环境价值。它可以带来经济效益,提高生产效率和竞争力;也可以改善人们的生活质量,满足社会需求;还可以减少资源消耗和环境污染,实现可持续发展。

三、大学生创新成果转化

大学生创新成果转化,是指将大学生的创新成果转化为生产力。

大学生是国家培养的专业人才,肩负着建设国家、振兴民族的历史重任。因此,对大学生进行科研创新、创业教育,是国家发展的重要战略方针,关乎国家未来科技发展的走向和水平。

(一)大学生创新成果转化的重要意义

1.有利于提高大学生的综合竞争力

大学生久居象牙塔之中,往往学到的只是理论知识和未实际运用的实践方法,在毕业以后难以适应日新月异的科技和快速发展的生产力。培养大学生自主创新的能力,并且鼓励其将创新成果转换为生产力,可以培养其自主动手能力和乐于探索的精神,让大学生知道如何将学到的理论用到现实生活中,做到学有所用,从而增加学习的乐趣,全面发展,提高自身的竞争力。这不仅能够让大学生到达生产一线,了解市场需要,更能让大学生在毕业以后尽早走入社会融入社会,更快地适应社会生产力的发展。

2.有利于增强学校的办学实力

将大学生的创新成果转化为生产力,既可以提高大学生的创新力及综合竞争力,又可以使学校的科研实力更加雄厚,对于理工科院校来说尤其如此。将大学生的科研创新成果转换为生产力还可以带动、鼓励大学生创新的积极性，形成良好的创新创业风气，摒除仅仅为了发论文而埋头钻研的纸上科研风气。将创新成果转化为生产力，进而申请专利，还可保护大学生的合法权益，同时也将给高校带来良好的社会效益和可观的经济效益，增强学校的科研实力和办学实力。

3.有利于推动社会生产力的不断发展

如今国家之间的竞争，是科技的竞争，是先进生产力的竞争。应注重培养大学生的创新能力，使其成为创新型人才。每年全国众多大学生的创新成果转化为生产力输入市场，这对于市场的推动以及所带来的经济效益不可小觑。长此以往，培养出的大学生将不仅具备良好的创新能力，也具有创业意识。年轻人用技术占领市场，将会不断地提高我国的科研与经济实力，推动社会生产力不断发展，助力我国成为科技强国。

（二）创新成果转化的方法

"生活是最好的老师"，在日常的教学中，高校应注意引导学生热爱生活，培养其对生活中细节的观察能力。每一项创新成果都源自生活又回归于生活，只有这样才能让大学生了解市场，了解市场缺少什么、不需要什么，大学生的创新成果才能合理地转化为生产力，真正地应用到生活中，既实现其创新成果的价值，又体现大学生的自身价值。以下介绍大学生创新成果转化的方法。

1.积极申请立项，争取资金支持

争取创新课题的资金支持需要注意以下几点。

(1)寻找合适的资金来源

了解不同资金支持机构的政策和要求，选择与你的研究方向和课题内容相匹配的资金来源。

(2)准备充分的申请材料

根据资金支持机构的要求，准备完整、准确、具有创新性的申请材料，包括项目提案、申请书、预算和时间计划等。

(3)与专家和相关机构合作

与相关领域的专家和机构建立合作关系，可以提高申请的成功率。他们可以提供专业的指导和支持，增强项目的可行性和科学性。

（4）提前准备

在申请资金支持之前，提前准备好相关的研究理论和实验数据，以展示你的研究能力，证明项目的可行性。

（5）申请多个资金来源

由于单个资金支持机构的资金有限，申请多个资金来源可以增加获得资金支持的机会。

（6）关注资金支持机构的政策和动态

及时了解资金支持机构的政策和动态，可以根据其要求和重点来调整申请策略，提高申请的成功率。

2.充分利用各种平台促进成果转化

目前在我国，从中央到地方到各高校，都设有机构负责大学生科研创新成果转化的工作。各种机构搭建起了高校和社会连接的桥梁，让大学生既可以放心科研，也可以放手实践。大学生在利用好学校、企业、政府有关部门资源的同时，还可以充分利用互联网平台，通过孵化社区、信息化方式，全力锻造投资社区，转变科研成果，在社区中进行经验交谈、知识共享、能力互补、信息沟通，进而真正突破时空约束，获得有关创新创业的优质资源。在各类创新创业社区中，聚集了很多拥有较多实践经验的创新创业人士，项目成员可以利用平台进行理论、知识和经验的交流，从中受到鼓舞、取得进步。这些社区同时也聚集了金融服务者、产业引资人士、科研中介、创新达人、创业资深导师等创新创业服务人士，在项目遇到瓶颈时能通过他们寻求更多的帮助和支持。

3.通过自主创业进行成果转化

为了激发学生的创业意识，提高他们的创业技能，高校除了要求学生学习好创新创业相关课程外，还鼓励他们参加各类创业培训，还会安排老师对学生进行各类培训和长期辅导，如组织学生到相关企业进行考察，请专家对项目相关的技术、经营、管理等方面进行具体指导，联合相应组织、机构举办沙龙等。学生在创业的心理、管理、经营等方面的素质得到提高后，可以尝试自主创业，实现已有的创新成果的转换。

高效应积极响应国家"大众创业、万众创新"的号召，深刻理解将大学生创新成果转化为生产力的意义，帮助学生克服困难、突破困境。在大学生创新创业教育中，要鼓励学生从生活中寻找灵感，培养大学生的创新创业意识。高校与社会要加强对大学生创业的扶持、支持，加大资金和师资的投入,设立孵化、转化平台,支持大学生创新成果的转化,为大学生寻求个人发展和实现个人价值奠定坚实的基础。

✎ 同步训练

科技查新

科技查新

做科研、搞创新发明的第一个步骤,就是要确认研究目标成果的创新性。科技查新,简称查新,是指查新机构根据查新委托人提供的需要查证其新颖性的科学技术内容,按照《科技查新规范》(国科发计字〔2000〕544 号)操作,经过文献检索与对比分析,作出结论。科技查新是科学研究、产品开发和科技管理等活动中的一项重要基础工作。具体请扫描二维码。

阅读"科技查新"之后,请思考在你创新或申请专利之前应该先做什么,并记下你的想法。

训练笔记:_____

_____

_____

_____

_____

📖 推荐阅读

《中华人民共和国
促进科技成果转化
法》(2015 年修订)

《中华人民共和国促进科技成果转化法》

《中华人民共和国促进科技成果转化法》由全国人民代表大会常务委员会于 1996 年 5 月 15 日发布,自 1996 年 10 月 1 日起施行,2015 年 8 月 29 日修正。它是我国鼓励研究开发机构、高等院校、企业等创新主体及科研人员转移转化科技成果,推进经济提质增效升级的一部基础性法律。修正后的《中华人民共和国促进科技成果转化法》共有六章五十二条,内容丰富、亮点突出,有效破除了制约科技成果转化的制度性障碍,打通了科技成果向现实生产力转化的通道,进一步释放高校和科研机构沉淀的大量科技资源,为科技人员创新创业提供了源头活水。可以说,《中华人民共和国促进科技成果转化法》是一部以问题为导向的专项立法,一部科技体制改革的法律,一

部推动创新驱动发展的法律,是一部同科技进步法、知识产权法配套的
法律。

　　阅读笔记:_____

_____

_____

_____

_____

本章小测　　　答案及解析

下篇　创业篇

我国的改革开放已经经历了 40 多个年头。在这 40 多年里,我国的高等教育从"精英教育"逐步过渡到了"大众教育",大学毕业生也从"国家统配"过渡到"自主择业"。在经济市场化的过程中,大学生自主择业和自主创业是必然的、必需的。就业和创业都是大学生走出校门、走向社会的主要途径。

大学生创业教育,旨在培养大学生的创新创业意识和创业基本技能,为大学生毕业走向社会训练基本功。创业教育在某种程度上,也为大学毕业生优质就业奠定了基础。

学完本篇,要求学生了解创业基础知识,理解企业设立流程,掌握企业运作的基本原理,并有能力自主组建和管理创业团队,对创业企业进行基础的运作管理。

第五章　创业基础知识

学习目标

1.理解创业的内涵、要素与类型。

2.理解创业精神的内涵及意义。

3.了解陈嘉庚先生的创业故事和创业精神。

4.了解创业的过程及创业对国家、对大学生自身的意义。

5.了解如何选择创业时机。

6.掌握培育创业精神的方法。

7.了解大学生创业的途径。

本章思维导图（见图5-1）

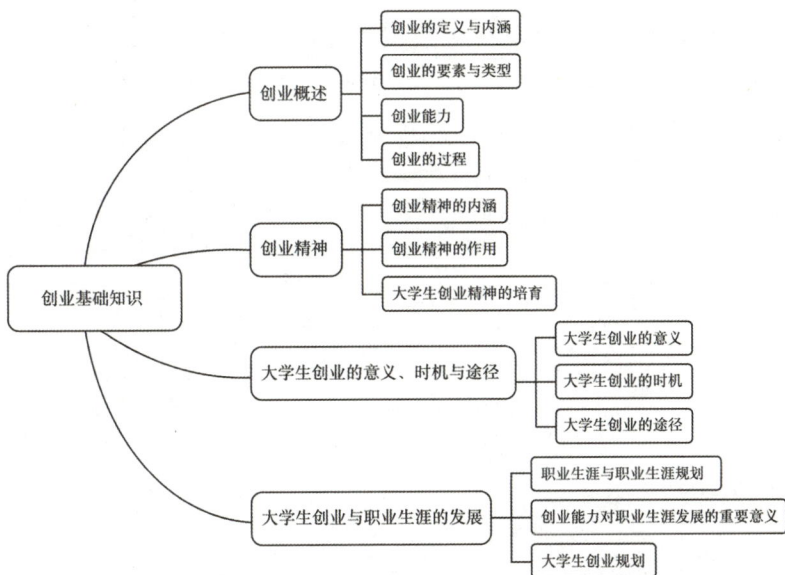

图 5-1　第五章思维导图

随着知识经济和科技的不断发展,社会物质产品得到了极大的丰富,追求个人价值和获得社会尊重成为大学生的就业期望之一,越来越多的大学生希望通过选择能够展示个人魄力的就业方式——创业,即通过自己创办企业、开创自己的事业来实现自己的人生价值。在创业的过程中,创业者只有不断地创新才能使创业之路走得更长远,才能使所创事业发展得更强大。

课前阅读

陈嘉庚的创业故事

陈嘉庚身上有多重身份和头衔:杰出华侨领袖、教育家、社会活动家、慈善家、实业家等等。陈嘉庚为世人留下了丰富的精神遗产。

由于陈嘉庚在教育、政治、社会、慈善等方面的卓越贡献和辉煌成就,后人对陈嘉庚精神的总结和研究也突出了其作为教育家、爱国者、慈善家、社会活动家、华侨领袖等方面的耀眼光芒。

但实际上,陈嘉庚首先是一位实业家,他在经商创业和企业管理方面的表现和成就熠熠生辉,值得传颂、学习和继承。

陈嘉庚十六七岁从厦门到新加坡,从在他父亲开设的米店当学徒开始其职业生涯。1904 年,由于父亲企业破产,时年 31 岁的陈嘉庚开始独立创业,直到 1934 年 2 月公司收盘歇业。在这长达 40 多年的米店"打工"及自主创业经商生涯里,陈嘉庚演绎了精彩绝伦的创业奋斗故事,显示出了卓越超群的企业管理才能,缔造了一个实力雄厚的企业王国,成为一个大实业家,被誉为"华侨商圣""马来亚的亨利·福特""橡胶大王"。

阅读笔记:＿＿＿＿＿＿＿＿＿＿＿＿＿＿＿＿＿＿＿＿＿＿＿＿＿＿＿＿＿＿

＿＿

＿＿

＿＿

＿＿

创业箴言

创业要找最合适的人,不一定要找最成功的人。

微课视频
创业概述

第一节 创业概述

创业,无疑是当今时代极具吸引力的一个字眼,因为它不仅意味着创造出更丰富的产品、服务,为我们自身和社会创造财富,还可以让创业者施展才能,实现自身价值和人生理想。当今的时代是一个全民创业的时代,大学生创业已成为毕业生流向社会的一种全新的就业方式。

一、创业的定义与内涵

(一)创业的定义

"创业"一词最早出现于《孟子·梁惠王下》:"君子创业垂统,为可继也。"故《辞海》将"创业"解释为"创立基业",《现代汉语词典》(第7版)将"创业"解释为"创办事业"。

杰弗里·蒂蒙斯(Jeffry A.Timmons)所著的创业教育领域的经典教科书——《创业创造》(*New Venture Creation*)中将"创业"定义为"一种思考、推理结合运气的行为方式,它为运气带来的机会所驱动,需要在方法上全盘考虑并拥有和谐的领导能力"。

综合国内外学者的观点,关于什么是"创业",可以从狭义和广义两个层面来理解。

1.广义的创业

广义的创业泛指在各个领域开创事业并且在特定领域内造成较大的影响,一般强调关系到国计民生的事业。战国七雄为了实现霸业而东征西战,历代开国君臣为建立新的国家而运筹帷幄、斗智斗勇,他们是在创业;汉唐的文治武功是创业;唐宋的休养生息、发展经济也是创业。创业总是以价值实现为终极目标的,创业的价值是个人价值与社会价值的统一。

2.狭义的创业

狭义的创业也称为自主创业,是指创办企业,可定义为创业者在不确定的环境中,通过发现、识别和捕捉创业机会并有效整合资源,获取商业利润,创造个人价值与社会价值的过程。

✳ 学习思考

陈嘉庚实业经营中 的家国情怀	陈嘉庚的故事 （宣传片）	罗扬老师带你 一起分析
扫一扫了解更多信息	扫一扫了解更多信息	扫一扫了解更多信息

　　学习了陈嘉庚先生创业中的家国情怀和陈嘉庚的故事，参考罗扬老师的分析，请思考创业是如何实现个人价值与社会价值的统一的。

　　学习感悟：_____

_____

_____

_____

（二）创业的内涵

创业的内涵，可以从以下五个方面进行理解。

1.创业是一个复杂的创造过程，它创造出某种有价值的新事物

创业不仅要对创业者本身有价值，而且也要对社会有价值。价值属性是创业的重要属性，同时也是创业活动的意义所在。没有价值，创业就没有意义，初创企业也不可能存活。

2.创业需要创业者贡献必要的时间和大量的精力，付出极大的努力

要完成整个创业过程，要创造新的有价值的事物，就需要大量的时间；而要获得成功，更需要坚韧不拔的意志和坚持不懈的努力，而且很多创业活动初期都是在非常艰苦的环境下进行的。当然，创业的渐进和成功也会带来很大的成就感。

3.创业需要面对资源难题，设法突破资源束缚

一般情况下，创业者可以直接控制的可用资源很少，创业几乎都会经历白手起家、从无到有的过程。例如，蒙牛集团创始人牛根生和他的创业团队把一个一无奶源、二无工厂、三无市场的"三无企业"发展成了年销售额达21亿元的大型企业，成功的核心因素之一就是借助别人的资源。因此，创

业者只有努力创新资源整合手段和资源获取渠道，才能真正摆脱资源约束的困境。

4.创业需要寻求有效机会

创业离不开创业者识别机会、把握机会和实现价值的有效活动。创业者从创业起始就需要努力识别商业机会，只有发现了商业机会，才有可能更好地整合资源和创造价值。因此，一般认为寻求有效机会是产生创业活动的前提。

5.创业要承担必然的风险

创业的风险可能有各种不同的形式，这取决于创业的领域和创业团队的资源。通常的创业风险主要有人力资源风险、市场风险、财务风险、技术风险、外部风险、合同风险等几个方面。创业者应具备超人的胆识，甘冒风险，勇于承担多数人望而却步的风险。

二、创业的要素与类型

（一）创业的要素

人们研究创业活动的一个基本方法就是分析创业要素，即具备了哪些要素就可以进行创业活动。尽管研究的成果很多，如"三要素说"：技术、创新模式和创业团队，或是产品、资金、团队，也有人认为是资金、策划、市场；"四要素说"：创业者、创业机会、创业组织、创业资源；"五要素说"：眼光、思想、魄力、资本、关系。但迄今为止，在人们对创业要素的认识和分析中，最为典型和公认的创业要素模型为蒂蒙斯模型。该模型提炼出了创业的三大关键要素，即创业机会、创始人及其创业团队、创业资源，如图 5-2 所示。这三个核心要素是创业活动中不可或缺的。

1.创业机会

创业机会是创业过程的核心驱动力，如果没有机会，创业活动就成了盲动，难以创造真正的价值。

创业过程始于创业机会，而不是资金、战略、网络、团队或商业计划。开始创业时，商业机会比资金、团队的才干和能力及适当的资源更重要。在创业过程中，资源与商机间经历着一个"适应—差距—适应"的动态过程，使创业者、创业机会和资源三个要素间不断相互匹配。

蒂蒙斯创业机会
评价框架概述

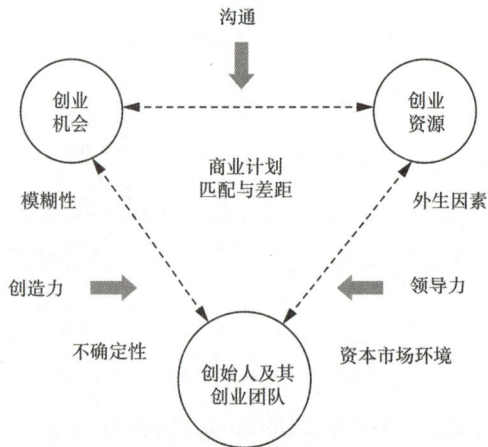

图 5-2　蒂蒙斯创业三要素模型

2.创始人及其创业团队

创始人及其创业团队是创业过程的主导者和核心,如果没有创业者及其创业团队的主观努力,创业活动是不可能发生的。

创始人及其创业团队的作用就是利用其自身的创造力,在模糊、不确定的环境中发现机会,并利用企业网络和社会资本等外界因素组织和整合资源,主导企业利用搜寻到的创业机会创造价值。

3.创业资源

创业资源是创业成功的必要保证,创始人及其创业团队把握住合适的机会后,还需要有相应的资金和设备等资源;如果没有必要的资源,机会也就难以被开发和实现。

创业过程实际上是上述三个要素之间相互作用、由不平衡向平衡发展的过程。

在三个要素中绝对的平衡是不存在的,但企业要保持发展,必须追求一种动态的平衡。处于模型底部的创始人或工作团队要善于平衡,借此推进创业过程,他们必须做的核心工作:理性分析和把握创业机会,认识和规避风险,合理利用和配置资源,分析和认识工作团队的适应性。

用保持平衡的观念展望企业未来时,创业者必须思量如下问题:目前的团队能否领导公司在未来成长得越来越好;下一阶段要想取得成功会面临怎样的困难。这些问题在不同的阶段以不同的形式出现,关系到企业的可持续发展。

总之,创业者要在千变万化的环境中依靠创业机会、创始人及其创业团队和创业资源三要素之间的和谐和平衡,分析解决各种问题,努力协调创业中各种资源的配置,从而保证创业成功。

（二）创业的类型

创业活动涉及各行各业,创业者的创业动机千差万别,创业项目和领域多种多样,创业的类型也因此呈现多样化,可以从不同角度对其进行分类。

1.基于创业形式的分类

根据创业形式,可以将创业分成复制型创业、模仿型创业、安定型创业和冒险型创业。

（1）复制型创业

复制型创业即是在现有的经营模式的基础上,简单复制原有公司的经营模式进行的创业。例如,某人原本在餐厅里担任厨师,后来辞职自行创立了一家与原服务餐厅类似的新餐厅。

在现实社会中,新企业中属于复制型创业的比例很高,且由于前期经验的累积,创业者创业的成功率较高。例如,1998年,牛根生（时为伊利集团副总裁）从伊利集团离开后,带领手下几名干将启动了一场"复制一个伊利"的计划,创办了蒙牛乳业集团。

（2）模仿型创业

这种形式的创业虽然创新的成分很少,但与复制型创业的不同之处在于,其创业过程对于创业者而言还是具有很多冒险成分的。例如,某一制鞋公司的经理辞掉工作,模仿他人开设了一家当下流行的网络咖啡店。这种形式的创业具有较高的不确定性,学习过程长,犯错机会多,代价也较高昂。这种创业者如果具有合适的创业人格特性,经过系统的创业管理培训,掌握了正确的市场进入时机,还是有很大机会获得成功的。

（3）安定型创业

这种形式的创业,虽然为市场创造了新的价值,但对创业者而言,无太大的改变,做的也是比较熟悉的工作。这种类型的创业强调的是创业精神的体现,也就是创新的活动,而不是新组织的创造。企业内创业即属于这一类型。例如,研发单位的某小组在开发完成一个新产品后,继续在该企业部门开发另一个新产品。

（4）冒险型创业

这是一种难度很高的创业活动,有较高的失败率,但一旦创业成功,投资回报也很高。这种类型的创业想要获得成功,对创业者能力、创业时机、创业精神发挥、创业策略研究拟定、商业模式创新、经营模式设计、创业过程管理等各方面都有很高的要求。

2.基于创业动机的分类

2001年,全球创业观察报告最先提出了生存型创业和机会型创业的概念,并逐年对其内涵进行了丰富。依据创业者的创业动机,可以将创业分成生存型创业和机会型创业。

(1)生存型创业

生存型创业是指创业者受生活所迫,由于没有其他更好的选择,不得不参与创业活动来解决其所面临的困难。这种类型的创业者,最初或许根本就没有什么创业的概念以及伟大的理想与梦想,只是出于生存的需要,在现有市场中捕捉机会,从事低成本、低门槛、低风险、低利润的创业。我国20世纪80年代初期的创业者以及下岗职工的创业行为大都属于这种类型。清华大学的一份调查报告指出,这一类型的创业者占我国创业者总数的90%。

生存型创业大多属于复制型和模仿型创业,创业项目多集中在餐饮、美容美发、商品零售、房地产经纪等比较容易进入的生活服务业,创业企业一般规模较小,其面临的市场竞争比较激烈。对生存型创业者来说,要想做大做强,必须克服小富即安的惰性思想,善抓机遇,走机会型创业的道路。

(2)机会型创业

机会型创业是指创业者基于实现自我价值的强烈愿望,在发现或创造新的市场机会下进行的创业活动。从事机会型创业的人通常不会选择自我雇佣的形式,而是具有明确的创业梦想,进行了创业机会的识别和把握,有备而来。李彦宏创办百度公司就是典型的机会型创业。他舍弃在美国的高薪岗位,毅然回国创业,其主要原因是他发现互联网搜索引擎存在的巨大商机,同时期望实现自我人生的更大发展。相比生存型创业,机会型创业不仅能解决创业者自己的就业问题,而且能解决更多人的就业问题,有可能创造更大的经济效益和社会价值,更具发展前景。所以,无论是从缓解就业压力的角度还是从创造社会和经济价值的角度,政府和社会都应该更加关注机会型创业,大力倡导机会型创业。

3.基于创业起点的分类

依据创业者的创业起点,可将创业分为创建新企业和企业内创业。

（1）创建新企业

创建新企业是指创业者或团体从无到有地创建全新的企业组织。这个过程充满机遇,创业者和团队的想象力、创造力可以得到最大程度的发挥。但创业的风险和难度较大,创业者会遇到缺乏资源、经验和相关方支持的困境。

（2）企业内创业

企业内创业是指在企业内进行创新创造的过程,即现有的企业为了适应市场环境的变化,开发新的产品或者服务,提高企业竞争力和盈利能力而开展的创业活动。

通常情况下,企业内创业是由有创意的员工发起的,其在企业的支持下进行企业内部新项目的创业,并与企业分享创业成果。

在创业领域,企业内创业由于其独特的优势而受到越来越多创业者和企业的关注。例如,21世纪初,深圳华为集团为了解决机构庞大的问题和老员工的问题,鼓励内部创业,将华为非核心业务与服务业务(公交、餐饮等)"分离"出去,以内部创业方式先后成立了广州市鼎兴通讯技术有限公司、深圳市华创通电子有限公司等。这些内创公司能依托华为强大的经济实力与市场占有率为其产品提供相关技术服务,同时也成就了企业内部员工的创业梦。

学习思考

"全球电池大王"曾毓群

1989年,曾毓群从上海交通大学船舶工程系毕业后被分配至福建一家国企,上班不到三个月就辞职南下广东东莞,加入一家外资企业新科磁电厂。1999年,与人一起组建了新能源科技有限公司,并出任总裁兼CEO。2011年,创立了宁德时代新能源科技有限公司,出任有限董事。2017年6月,出任宁德时代新能源科技有限公司董事长。有人说,曾毓群是在人生关键节点赌对了,才有今天的身价。但真相是像人们说得这么简单吗?看完"全球电池大王"曾毓群的故事,你有什么感悟?

学习感悟：_____

_____

_____

_____

三、创业能力

一般来说,创业者应具备以下几种能力。

(一)创新能力

创新是知识经济时代的主旋律。创新能力包括两个方面的内容:一是创造性思维、创造性想象、独立性思维和捕捉灵感的能力;二是创新实践的能力,即人在创新活动中完成创新任务,进行具体工作的能力。创业是一项充满创新的事业,创业者必须具备创新能力,能够根据客观情况的变化,及时提出新目标、新方案,不断开拓新局面。

(二)学习能力

学习能力主要包括制订学习目标和计划的能力、阅读能力、分析归纳能力、信息检索能力等。创业者要培养良好的学习能力,应注意以下几点。

1.空杯心态

创业者不应囿于已取得的成绩和能力,而应不断从零开始,时刻保持对环境变化的敏感度,不断学习新知识。

2.精益求精,学有所长

对于创业者而言,学到的知识越多,能力就越强。但是人的精力是有限的,"门门精通"往往会变成"门门不通"。创业者应该学会选择,在某些领域要精益求精,具备一技之长;在某些领域则可涉猎粗通。

3.开阔视野,终身学习

学习能力强的表现之一就是善于发现学习的榜样,学其长处,补己短板。如果仅仅局限在一个小的范围内,视野得不到开阔,就会变成井底之蛙,丧失学习的动力和能力。只有走出去,不断地接触新事物和新观点,才能不断地找到自身的不足。创业者必须树立终身学习的理念,通过不断学习,提高自身能力。

(三)合作能力

创业者之所以需要与他人合作,首先是因为个人的能力有限,其次是因为个人能力与他人能力具有互补性。创业者要想与他人合作并有所作为,首先要做到知己,要清楚自己的性格特点、能力专长等,选定一个适合自己的工作目标;其次要注意分析别人的特点,找到互补和差异之处。只有这样,创业者才能真正找到合作伙伴,并与其一道为共同的创业理想携手奋进。

创业者在与他人合作时要注意以下两个方面:一是平等合作,即合作伙伴在人格上是完全平等的,是为了一个共同的目标走到一起的;二是互利合作,即合作者之间的互惠互助是为了某些共同目标和利益追求,在一定基础上进行的物质和精神的相互配合协作。

（四）管理能力

管理能力是指对人员、资金进行管理的能力,包括人员的选择、使用、组合和优化,以及资金的聚集、核算、分配和使用。管理能力在较高层次上决定了创业实践活动的效率和成败。

创业者要想在激烈的市场竞争中取得优势,必须敢于对企业、员工和消费者负责,并保持高度的社会责任感;必须学会用人,善于吸纳德才兼备、志同道合的人才;必须学会制订合理的计划,并督促自己和员工严格落实;必须学会权衡主次轻重,合理整合资源。

（五）决策能力

决策能力是指创业者根据主客观条件,确定创业的发展方向、目标、战略,以及选择具体实施方案的能力。决策能力包括分析能力和判断能力。

在创业的过程中,创业者要想从错综复杂的现象中发现事物的本质,找出存在的真正问题,并正确处理问题,就必须具备良好的分析能力。而所谓判断能力,是指能从客观事物的发展变化中找出因果关系,并善于从中把握事物发展方向的能力。由此可见,分析是判断的前提,判断是分析的目的,良好的决策能力是良好的分析能力加上果断的判断能力的结合。

（六）社交能力

社交能力是指创业者通过与他人沟通思想、联络感情、增进友谊,从而建立广泛的社会联系的能力。创业者在从事创业活动的过程中,免不了有各种社会交往,而良好的社交能力对做好生产与经营工作、加强与各方面的沟通联系、扩大影响、减少负面效应、提高经济效益都有着不可估量的作用。创业者要提高自己的社交能力,可以从以下几个方面做起。

1.学会聆听

创业者要想提高社交能力,首先必须学会聆听,通过聆听领会他人话里的深层含义,获得自己所需的信息。例如,通过聆听客户的反馈,可以了解客户的真实体验,了解产品或服务存在哪些不足;通过聆听合作伙伴的意见,可以了解公司目前存在的问题。

2.主动交往

创业者要提高自己的自信心,勇敢地与别人交流,遇到比自己能力强的人,不应自卑,而应通过交往学习他人的优点。

3.掌握社交心理和社交技巧

创业者可以多读一些待人接物方面的书籍,学习社交技巧。

四、创业的过程

创业的一般过程包括创业者从产生创业想法开始的自我评估,到创建新企业并获取回报的整个过程。通常分为以下六个主要的环节。

1.产生创业动机

创业动机是创业者创业的原动力,它能够推动创业者去发现和识别市场机会。创业活动的主体是创业者,创业活动的开展首先取决于一个人具有成为创业者的内在动力。创业动机不是创业者的一时冲动,而是创业者对创业目标与预期收益深思熟虑后的选择。

2.识别创业机会

识别创业机会是创业过程的核心环节。李嘉诚说过:"机会存在是客观的,机会发现是主观的,只要做一个有心人,发现机会的存在不是一件困难的事情。"创业者应有敏锐的嗅觉,能够广泛结交朋友并与他们交流沟通,以便寻找和识别创业机会,分析并判断其商业价值,最终抓住创业机会,确定创业项目。

3.组建创业团队

创业活动的复杂性决定了创业者不可能一个人包揽所有的事务,而要通过组建分工明确的创业团队来完成各自的任务。创业团队的优劣,基本上决定了创业能否成功。因此,对于创业公司来说,团队的重要性不言而喻。然而大多数创业者却没有认识到这一点,他们觉得只要项目好,就会有好的市场前景。事实上并非如此,再好的项目也是需要人来运作的。创业者需要构建一个分工合作、步调一致的团队,如新东方三剑客、腾讯五虎将、阿里巴巴十八罗汉等。

4.整合有效资源

资源是创业的基础条件,整合资源是创业者开发机会的重要手段。之所以强调资源整合,是因为创业者可以直接控制的可用资源往往很少,许多创业者都需要白手起家。创业者需要整合的资源包括基本信息(如市场环境等)、人力资源(如合作者、雇员等)、财务资源等。

5.制订创业计划

创业计划是对与创业项目有关的事项进行全方位安排的一份书面报告,用以描述创办一个企业时所有相关的外部及内部要素,包括商业前景,人员、资金、物资等各种资源的整合,以及经营思想、战略定位等,是为创业项目制订的一份完整、具体、深入的行动指南。创业者在创办企业之前必须撰写一份创业计划书,来帮助其进行自我评价,以及判断项目的可行性、竞争力与赢利能力。

6.创办新企业

企业是创业行为的产物,是创业者实现创业梦想的实体基础。创办新企业的过程包括选择适当的企业法律形式和经营地址、企业制度设计、企业注册、确定进入市场的途径等。值得注意的是,许多创业者在创业初期迫于生存的压力,往往容易忽视一些重要环节给以后企业的发展留下隐患。

7.初创期企业的经营和管理

企业一经建立,首先面临的是经营和管理问题,包括创业初期的市场营销、产品设计和规划、财务和售后服务体系的建立等。这一阶段包括选择正确的管理模式、明确创业成功的关键、及时发现运作中出现的问题,并完善相应的管理和控制系统,确保企业正常运作。在安全度过生存期后,创业者需要了解新创企业成长的一般规律,预判可能面临的问题,并考虑如何防范和解决问题、如何实现新企业的发展。

案例分析

王学集的创业故事

案例思考:看完王学集的创业故事,你有什么想法?

王学集的
创业故事

_____

_____

_____

推荐阅读

《陈嘉庚创业管理之道》

　　本书第一次从管理思想的角度来分析陈嘉庚精神,通过多方搜集历史资料,从中提炼陈嘉庚先生的商业历程,总结和宣扬陈嘉庚创业精神和管理思想,突出陈嘉庚创业经商和企业管理方面的伟大思想,全面继承陈嘉庚的精神财富。全书共分十章,主要内容为:陈嘉庚的经商创业历程、陈嘉庚的经营哲学观、陈嘉庚的创业精神、陈嘉庚的用人思想和领导力品质、陈嘉庚的家族传承和管理思想、陈嘉庚的社会责任思想、陈嘉庚的理财投资思想、陈嘉庚的公司治理思想、陈嘉庚的营销思想、陈嘉庚的社会创业思想。

阅读笔记:

_____

_____

_____

_____

_____

《陈嘉庚创业管理之道》

作者:木志荣 等

出版社:厦门大学出版社

出版时间:2022 年 8 月

_____

_____

_____

_____

_____

微课视频
创业精神

第二节　创业精神

创业精神是创业的动力,也是创业的支柱。没有创业精神就不会有创业行动,也就无从谈创业成功。因此,创业精神对创业至关重要。

一、创业精神的内涵

创业精神是指在创业者的主观世界中,那些具有开创性的思想、观念、个性、意志、作风和品质等,主要表现为勇于创新、敢当冒险、团结合作、坚持不懈等。

国内外学者对创业精神从心理学的角度进行了深入研究,对创业精神的理解可概括为以下几点:

第一,如果个体表现出创新、承担风险和主动进取的行为,那么他就具有创业精神。

第二,创业精神是为了开发机会而集中资源创造新价值的过程。

第三,创业精神也是创业者在个性方面所具有的特征,如机会捕捉能力、高成就动机等。

创业精神有三个层次的内涵:哲学层次的创业思想和创业观念,是人们对于创业的理性认识;心理学层次的创业个性和创业意志,是人们创业的心理基础;行为学层次的创业作风和创业品质,人们创业的行为过程。

创业精神的实质就是以创新为基础,不满足于现状,改变旧有条件,寻求解决问题的精神力量。

✳ 学习思考

陈嘉庚敢为人先的创新精神

扫一扫了解更多信息

陈嘉庚精神

扫一扫了解更多信息

扫码学习陈嘉庚的创新精神和陈嘉庚精神,请思考:

1.从陈嘉庚创新精神与陈嘉庚精神中你得到了哪些启发?

2.创新精神的作用是什么?

学习感悟:＿＿＿＿＿＿＿＿＿＿＿＿＿＿＿＿＿＿＿＿＿＿

＿＿＿＿＿＿＿＿＿＿＿＿＿＿＿＿＿＿＿＿＿＿＿＿＿＿＿＿＿＿

＿＿＿＿＿＿＿＿＿＿＿＿＿＿＿＿＿＿＿＿＿＿＿＿＿＿＿＿＿＿

＿＿＿＿＿＿＿＿＿＿＿＿＿＿＿＿＿＿＿＿＿＿＿＿＿＿＿＿＿＿

＿＿＿＿＿＿＿＿＿＿＿＿＿＿＿＿＿＿＿＿＿＿＿＿＿＿＿＿＿＿

二、创业精神的作用

创业是以创新为核心的活动。创业精神作为创业者必备的心理品质,是决定创业成败的重要因素。创业精神能够激发人们进行创业实践的欲望,是一种心理上的内在动力机制。它在很大程度上决定着一个人是否敢于投身创业实践活动,支配着人们对创业实践活动的态度和行为,并影响着态度和行为的发展方向。

创业精神能够渗透到以下三个方面并产生作用:

(1)个人成就的取得:个人如何成功地创建自己的企业。

(2)企业的成长:如何使企业整个组织都重新焕发创业精神,从而具有更强的竞争力,获得更大的成长。

(3)国家的经济发展:使人民富裕,使国家强大。

总之,创业精神能够帮助个人、企业乃至整个国家在面对新时代的竞争时走向成功和繁荣。当前,世界产业结构正经历着彻底转变,创业精神将发挥更大的作用,它有利于加快转变经济发展方式,促进经济社会又好又快地发展。

三、大学生创业精神的培育

提高人的主观能动性,提升辩证思维能力和自主创新思维能力,是培养创业精神的新思路。培育大学生的创业精神,是一个系统工程,全社会都应该积极地关注和支持大学生创新创业。政府、高校及家庭应各尽其责,构建互相协作的创业精神培养机制。

1.形成鼓励创业的校园文化

校园是学生成长的外部环境,校园文化对学生具有陶冶功能、激励功能、导向功能。高校应想方设法将创业精神有机地融入校园活动中,以培养学生的创业精神。具体来说,可经常邀请成功的企业家或成功的校友来学校做报告,增强大学生的创业信心,利用他们的创业激情感染大学生;还可以借鉴其他国家大学生创业精神的培养方式,着力营造鼓励创业的校园文化环境。当代著名教育家张楚廷先生曾说,学校不应只强调教育,还应重视文化,有了文化,教育自然就在其中。高校要在社会主义核心价值体系教育中融入创业精神的教育,加强对学生的创业基础知识教育及相关风险意识的教育,在校园中形成推崇创新、尊重创业、宽容失败的文化环境。

2.培育创业人格

美国斯坦福大学教授推孟(Lewis Terman)曾在 30 年中追踪研究了800 人的成长过程,结果发现,他们中成就最大的 20% 与成就最小的 20% 最明显的差异就在于个性方面的不同。这说明个性特征对个体的创业来说是非常重要的,尤其是"独立性""坚持性""敢为性"等。高成就者具有谨慎、自信、不屈不挠、积极进取、坚持不懈等心理特征。人格教育同创业精神与创业能力的培养是相辅相成的。高校要依据大学生的心理特点,有针对性地讲授心理健康知识,帮助大学生树立心理健康意识,优化心理素质,增强心理调适能力和对社会生活的适应能力,自觉培养坚忍不拔的意志品质和艰苦奋斗的精神,提高承受和应对挫折的能力,为创业打下良好的基础。此外,高校还可以通过创业案例,剖析创业者的人格特征,为大学生创业人格的培育提供优秀的范本。

3.培养创新能力

创新是创业精神的核心,高校必须重视对学生创新能力的培养。要尊重学生的个性发展,爱护和培养学生的好奇心、求知欲,为学生的天赋和潜能的充分开发创造一种宽松的环境。鼓励学生勇于突破,有意识地突破前人、突破书本。通过开设创新创业类课程、举办主题技能竞赛等,培养学生的科学精神和创新思维。

4.强化创业实践

学校要鼓励学生利用课余时间参加一定的创业模拟和社会实践活动,增强学生对企业的了解和对社会的适应能力。例如,在校内外开展创业竞赛活动、与企业联合开展学生的实习见习等。"纸上得来终觉浅,绝知此事要躬行",应让学生在实践中磨炼自己,形成正确的创业认知,培养创业精神,提高解决问题的能力。

学习思考

任正非的
创业故事

任正非的创业故事

通过阅读任正非的创业故事,你能说明一下任正非的创业精神吗?

学习感悟:＿＿＿＿＿＿＿＿＿＿＿＿＿＿＿＿＿＿＿＿＿＿＿＿＿

＿＿＿＿＿＿＿＿＿＿＿＿＿＿＿＿＿＿＿＿＿＿＿＿＿＿＿＿＿＿

＿＿＿＿＿＿＿＿＿＿＿＿＿＿＿＿＿＿＿＿＿＿＿＿＿＿＿＿＿＿

＿＿＿＿＿＿＿＿＿＿＿＿＿＿＿＿＿＿＿＿＿＿＿＿＿＿＿＿＿＿

第三节　大学生创业的意义、时机与途径

创业箴言

"创"业,其实就是找别人想不到的,或做别人没做准确的事情。

案例分析

智慧渔业——全国首创无
人化水产养殖管理系统

养生糖——全国氨基含量
最高的壳寡糖

扫一扫了解更多信息　　　扫一扫了解更多信息

案例思考:学完上面两个案例,你会通过在校期间参与创新创业大赛来开启创业之门吗?

＿＿＿＿＿＿＿＿＿＿＿＿＿＿＿＿＿＿＿＿＿＿＿＿＿＿＿＿＿＿

＿＿＿＿＿＿＿＿＿＿＿＿＿＿＿＿＿＿＿＿＿＿＿＿＿＿＿＿＿＿

一、大学生创业的意义

随着高等教育学校数量的增多和规模的扩张,大学毕业生的就业问题也日渐突出。据教育部统计,我国应届高校毕业生人数多年来持续增长,不断创历史新高,就业形势十分严峻。为了解决大学生就业难题,近年来从中央到地方都出台了一些应对措施,其中,鼓励大学生创业被摆在了突出的位置,"大力支持自主创业,促进以创业带动就业"成为应对就业难题的重大战略。因此,大学毕业生创业具有十分重要的意义。

1.以创业带动就业是缓解大学毕业生就业难的有效途径

创业具有扩大就业的倍增效应。大学生创业不仅是个人就业的重要形式,而且能带动就业,为更多的人解决就业问题。调查结果表明:一个大学生创业,平均可以带动八个大学生或社会待业人员的就业。因此,培育大学生的创业精神和创业技能,提倡和鼓励大学生自主创业,通过创业来解决大学生就业问题,无疑是一条可行且有效的途径。

2.大学毕业生创业有利于大学生自我价值的实现

随着社会的不断发展,创办企业越来越需要创业者具有较高的知识水平和技术能力,而拥有专业知识和发展潜力的大学生更有能力通过创业来实现价值创造。大学毕业生通过自主创业,可以把自己的兴趣与职业紧密结合起来,做自己最感兴趣、最愿意做和自己认为最值得做的事情。创业为大学生创造了发展的机会,提供了增加个人财富的可能性,这有利于大学生提高自己的社会地位。对许许多多梦想着开创自己事业的大学生而言,创业不但是一种充分实现自我价值的机会,更是发挥个人潜能的舞台。

3.大学毕业生创业有利于培养大学生的创新精神

创业的本质是创新,而创新是一个民族的灵魂,是一个国家兴旺发达的不竭动力。青年大学生作为最具活力的群体,是未来社会的精英,如果大学生失去了创造的冲动和欲望,那么国家最终将失去发展的不竭动力。创业活动有利于培养大学毕业生勇于开拓创新的精神,使其把就业压力转化为创业动力,有利于培养出越来越多的各行各业的创新型人才。这是我国实现创业型经济发展的重要途径,能够为创业型经济的发展提供根本性支撑。

4.大学毕业生创业有利于促进就业机会快速增长

从国际经验来看,等量资金投资于小企业所创造的就业机会是大企业的 4 倍。我国约有 99.5% 的企业属于小企业,65%～80% 的劳动者在其中就业。美国对中小企业的发展一直比较重视,称其为"美国经济的脊梁"。美国企业的创新产品有 82% 来自中小企业。大学生自主创业时以小企业起步,能创造更多的就业机会。

5.大学毕业生创业有利于培养大学生艰苦奋斗的作风

大学生自主创业的过程中,遇到困难和挫折甚至失败都在所难免,这就要求他们具备顽强的意志和良好的品格,勇于承担风险,自立自强,艰苦拼搏,通过创业培养自立自强的意识、风险意识、拼搏精神和艰苦奋斗的作风。

二、大学生创业的时机

1.在校创业

在校创业,是指在校期间的创业活动。有的学生想出了好的创业点子,有的学生申请了专利想把专利技术转化成实实在在的产品,但他们又都不愿意放弃学业,于是出现了在校创业的现象。清华大学的王科、邱虹云和徐中就是典型的在校创业的例子。这种做法的优点是能够在创业的同时继续完成学业;不足之处是可能难以处理好创业和学习的关系,有时会顾此失彼。

2.毕业即创业

毕业即创业是当前倡导的一种大学生"就业"选择。这样可及早为社会、个人创造财富,并能在大学毕业生群体中形成一种激励。只要条件具备,大学毕业生完全可以成为创业者。

3.就业后创业

有着创业理想的大学生,在条件还不成熟时,例如没有合适的项目、没有足够的资金、没有一定的社会阅历和社会经验从而难以应对社会复杂的人际关系的时候,没有必要急着创业。可以先到一些公司去工作,获得实践经验,积累一定资金,并策划一些好的创业项目之后,再图发展。

三、大学生创业的途径

1.利用专利技术入股，寻找投资人

大学生在大学期间拥有发明专利，即可利用专利技术去寻找投资人，如果能获得风险投资家的青睐，则更容易推进创业进程。如丁磊在创办网易公司的过程中、张朝阳在创办搜狐公司的过程中，都获得了风险投资人的支持。

2.先进入行业学习技术，再创业

有的大学生希望在技术领域创业，但又缺乏实践经验，技术不够精湛。在这种情况下，可先进入希望进行创业的行业，学习技术，了解现状，等到条件成熟时，再开始创业。

如学机电维修的大学生，可先进机械制造厂实习，学习机械设计、制造技术，再到机械设备应用企业实习一段时间，等到技术成熟后，再自己开办机械配件加工厂或机电维修中心。有一位学习电力技术的大学生毕业之后在广东的一家公司打工，那家公司的业务是承接电力设备系统的建设工作。他在那家公司工作三年之后，熟悉了公司的业务运作程序和全部的技术，于是回到家乡自己筹资创办了一家类似的公司，每年可承接几百万元的业务。几年下来，他拥有了500多万元的资本。

3.通过销售积累原始资本，再创办公司

销售是一个充满挑战与机遇的职业，有的大学生毕业之后先从事仪器、药品、机械、电子设备等推销工作，当推销的商品数量大时，可获得高额的业务提成。有了一定的资本和经验之后，他们就注册成立贸易公司，为一些企业做产品销售代理。由于做销售代理可采用先销售后付款的形式，所以对新创办公司的资金周转非常有帮助。

4.看准市场，创办实体

有的大学生有灵活的经济头脑，能洞悉市场的需求，则可采用贷款、集资的方式创办自己的实体企业。

如四川省的欧阳晓玲，大学毕业后，看准了林业的市场发展前景，于是辞职筹资创办了四川省第一家民营林业园艺科技企业——永川园艺植物研究所，她带领全所员工从事果树良种的引种、繁育和配套栽培等技术研究、技术服务，承包经营荒地，将荒山秃岭变成了生"金"长"银"的示范园林，带

领 5 万多名农民致富,取得了巨大的经济效益和社会效益。

5.从小事做起,由小利起步

历史上,有不少企业家开始做的都是很不起眼的小本生意,很快就完成了资本积累。

1928 年,有一对叫麦当劳的年轻兄弟,他们在加利福尼亚开了一个小电影院,同时兼营一个小食品店专卖汉堡包。说来也怪,汉堡包的生意比电影院的生意好得多。这种 15 美分一个的汉堡包看起来不起眼,可由其创造的年营业额竟高达 25 万美元,于是麦当劳兄弟便干脆专营汉堡包,并成立了麦当劳公司。

大学生创业之初普遍面临缺乏资金的困难,从小事做起,从求小利做起,不失为一条稳妥的途径。投入小,风险就小,但积小利成大利,聚沙成塔。

6."借鸡生蛋",借钱赚钱

大学生开始创业时,资金都比较少,有时看准了机会但自己没有力量去干,或者自己有一定的资金但缺乏经验,难把事情办好。在这种情况下,最好能"借鸡生蛋",即通过合作,借助别人的资金、关系、组织机构和人员去干事,事成之后进行利润分成。

例如,有个学模具设计与制造的大学生掌握了制造先进模具的技术,便联系了一个学经营管理的大学同学,他们与某乡政府合作,由该乡政府出资 60 万元,创办了一家模具厂,由两位大学生承包经营,模具厂的业务很快扩大,获得了良好的经济效益。

第四节　大学生创业与职业生涯发展

创业箴言

生活是公平的,哪怕吃了很多苦,只要你坚持下去,一定会有收获,即使最后失败了,你也获得了别人不具备的经历。

创业是可以规划的,创业能力对个人职业生涯的发展起着积极的作用。

一、职业生涯与职业生涯规划

（一）什么是职业生涯

职业生涯是指个人通过从事工作所创造出的一种有目的的、延续一定时期的生活模式。这个定义由美国职业发展协会（National Career Development Association）提出，是职业生涯领域被广泛使用的一个定义。

职业生涯可以分为外职业生涯和内职业生涯。

外职业生涯是指从事工作时的工作单位、工作地点、工作内容、工作职务、工作环境、工资待遇等因素的组合及变化过程。例如，工作职务是总经理，工资待遇是年薪 30 万元。外职业生涯的构成因素通常是由别人给予的，也容易被别人收回。外职业生涯因素中，职务与待遇的取得往往与自己的付出不符，尤其是在职业生涯初期。有的人一生疲于追求外职业生涯的成功，但内心却极为痛苦，因为他们往往不了解，外职业生涯的发展是以内职业生涯的发展为基础的。

内职业生涯是指从事一种职业时所具备的知识、观念、心理素质、能力等因素的组合及变化过程。例如，心理素质目标是经受得住挫折，能做到临危不惧、宠辱不惊。内职业生涯中的各项因素，可以通过别人的帮助而具备，但主要还是靠自己的努力追求而获得。与外职业生涯构成因素不同，内职业生涯的各构成因素一旦取得，别人便不能收回或剥夺。

（二）什么是职业生涯规划

职业生涯规划是指个体将个人发展与组织发展相结合，对决定个人职业生涯的个人因素、组织因素和社会因素等进行分析，制订个人在事业发展上的战略设想与计划安排。

根据定义，职业生涯规划首先要对个人特点进行分析，然后对所处组织环境和社会环境进行分析，再根据分析结果制订一个人的奋斗目标，选择实现这一奋斗目标的职业，编制相应的工作、教育和培训的行动计划，并对每一步骤的时间、顺序和方向做出合理的安排。

在现代社会，尽早做好职业生涯规划对于一个人的发展至关重要。只有这样，才能认清自我，不断探索开发自身潜能的有效途径或方式，才能准确地把握人生方向，塑造成功的人生。实践证明，在职业生涯中能够有所成就的人,往往是那些有着清晰的职业生涯规划的人。

二、创业能力对职业生涯发展的重要意义

如今,创业已成为大学生职业生涯中的一种选择。但是,创业是一个实践性很强的过程,要求创业者不仅要拥有创业精神、创新意识,同时还要具备足够的创业能力。创业能力与新创企业的成败直接相关,创业能力越强,则创业成功率越高。

当大学生选择了自主创业之后,就需要自我管理、自我决策、自我规划。因此,在选择创业前,应该进行创业实践训练,向成功的企业家学习,在实践中提高自己的组织管理能力、开拓创新能力、人际关系协调能力、决策能力,以及发现问题与解决问题的能力等,然后再去创业,这样无疑可以大大提高创业的成功率,推动大学生的职业生涯往好的方向发展。

三、大学生创业规划

大学生创业已成为毕业生走向社会的一种全新的就业方式。对于一个立志创业的大学生来说,职业生涯规划与其创业规划在一定程度上是等同的。要制订一份好的规划,可以参考以下创业四部曲。

步骤一:了解你自己

一份有效的创业规划,必须在充分且正确地认识自身条件与相关环境的基础上进行。对自我及环境的了解越透彻,越能做好规划。因为创业规划的目的不只是协助创业者达到和实现个人目标,更重要的是帮助其真正了解自己。

步骤二:明确创业目标

创业者要善于观察和发现新的机遇、新的商机,用创新的思维来设计自己的创业思路,找准自己的创业方向,站在成功创业者的"肩膀"之上,确立自己的目标。

高尔基说:"一个人追求的目标越高,他的才能就发挥得越快,对社会就越有益。"如果创业者自己都不知道要到哪儿去,那通常哪儿也去不了。但是一个人在明确自己想做什么、能做什么的同时,还应考虑社会的需求是什么。如果一个人所选择的创业领域既符合自己的兴趣又与自己的能力相一

致,但却不符合社会的需求,那么,这种创业的前景也会变得暗淡。由于分析社会需求及其发展态势并非一件易事,因此,在选择创业目标时,应该进行多方面的探索,以得出客观而正确的判断。

步骤三:制订行动计划

大学生在确定了创业目标后,应围绕创业目标的实现,制订具有针对性、明确性与可行性的行动计划,特别是要详尽制订大学期间和毕业后三到五年内的行动计划。

步骤四:开始行动

一个人的创业规划不管制订得多么好、多么严密,如果没有落实在行动上,就依然是一张废纸。立即行动,是实现目标和梦想的唯一途径。

总之,一份创业规划必须将个人理想与社会实际有机地结合起来,设计出既合理又可行的创业发展目标。只有在自身因素和社会条件两者之间实现最大限度的契合,才能在现实中发挥优势、避开劣势,使创业规划更具有可操作性。

同步训练

造梦者照相馆

造梦者照相馆

你的人生不会辜负你,所有那些转错的弯,那些流下的泪水,那些滴下的汗水,全都让你成为独一无二的自己。欲知故事,请扫描二维码。

创业同职业生涯一样是需要规划的,结合小张的创业历程,请描绘你的创业四部曲。

训练笔记:_____

_____

_____

_____

_____

推荐阅读

《天际一颗嘉庚星》

这是一本介绍嘉庚精神的核心内涵和陈嘉庚生平事迹的书。厦门海洋职业技术学院前身为陈嘉庚先生于1920年创办的集美学校水产科。该校办学历程异常艰辛，曾数度易名，多次易址，涌现出"陈维风千里单骑""俞文农弃航从教""老校长秦嗣照三人复办学校"的感人事迹。这些校史上的先贤与前辈都有很深的嘉庚情怀，他们的身上所展现的精神是嘉庚精神的传承。

《天际一颗嘉庚星——陈嘉庚
精神校本文化读本》

作者：何金龙

出版社：厦门大学出版社

出版时间：2019年9月

阅读笔记：

_____

_____

_____

_____

_____

_____

_____

_____

_____

_____

_____

_____

_____

本章小测　　　　答案及解析

第六章 创业机会与创业风险

学习目标

1.理解创业机会的概念与特征。

2.了解创业风险的防范措施。

3.掌握大学生创业项目选择的原则。

4.掌握大学生创业项目选择的策略。

5.培养把握创业机会的能力。

本章思维导图（见图6-1）

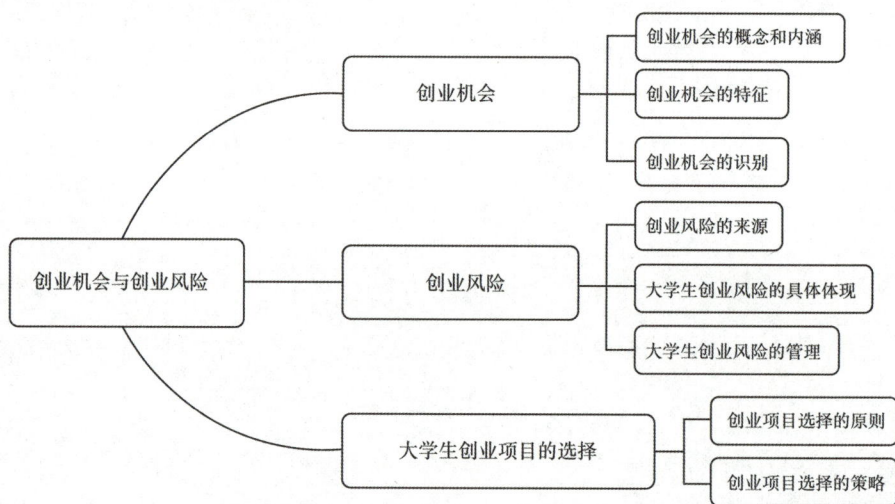

图 6-1　第六章思维导图

从小商贩到电商巨头:刘强东的创业传奇

课前阅读

从小商贩到电商巨头:刘强东的创业传奇

　　刘强东是中国知名的企业家和创业者,他创立了京东商城,并将其发展成为中国最大的电子商务企业之一。他的创业历程充满着艰辛和挑战,但他始终坚持着自己的梦想和信念,最终成为了中国电商业的领导者。本文将从刘强东的成长经历、创业历程和领导风格等方面展开,为读者呈现刘强东的创业传奇。

　　学习感悟:_____

_____

_____

_____

_____

创业箴言

　　创业是一种机会,是一种改变世界的力量,是一种创造价值的方式。

微课视频
创业机会

第一节　创业机会

一、创业机会的概念和内涵

创业需要顺势而为

　　创业机会是指在市场中存在的、有利可图的商业机会,可以通过创新、创造和创业来实现利润和取得成功。创业机会通常涉及满足市场需求、解决问题或填补市场空白的产品、服务或业务模式。以下这些是常见的创业机会。

(一)新兴行业和市场

　　随着技术和社会的发展,新的行业不断涌现,新的市场不断被开发,创造了许多创业机会,如人工智能、区块链、可再生能源等行业。随着经济全球化进程的不断推进,许多新兴行业正在跨越国家和地区稳定发展,这为创业者提供了广阔的商业机会。以下是几个新兴市场中潜在的创业机会。

1.移动支付和金融科技

在智能手机的普及下,移动支付和金融科技领域有很大的创业机会。一些公司已经通过提供移动支付、在线借贷和其他金融科技服务来填补这一市场空缺。

2.可再生能源领域

随着全球对可再生能源需求的不断增加,这一行业具有理想的发展前景。创业者可以投资建设太阳能光伏电站、风力发电场等,满足当地市场对清洁能源的需求。

3.农业和食品安全领域

许多地方仍然依赖于传统农业模式,在种植、加工和分销方面存在很大的改进空间。创业者可以探索农业技术创新,改进食品供应链,以提高农产品的生产效率,更大程度上保障食品安全。

(二)社会问题的解决

创业者可以通过解决社会问题来创造商业机会,如环保、教育、医疗等领域的问题。企业的本质是为社会解决问题,一个社会问题往往隐藏着商业机会。一些企业创业成功的重要原因就是他们满足了社会需求,解决了部分的社会问题。

(三)科技创新

技术的不断进步为创业者提供了许多创业的机会,如互联网、移动支付、虚拟现实等技术。随着互联网技术的飞速发展,创业机会在各行各业不断涌现。无论是传统行业的改造还是互联网模式的创新,都为创业者提供了广阔的发展空间。

互联网技术在中国的应用,引发了一系列的创业机会。起初是网站建设公司、域名销售代理机构、服务器寄挂机构,各企业纷纷建立自己的网站,网络广告与实体广告并驾齐驱;接着是电子商务、直播带货、知识付费等创业企业先后登场,精彩纷呈。

(四)个性化需求

随着人们对个性化产品和服务的需求增加,创业者可以通过提供个性化定制的产品和服务来满足市场需求。从个性的独特性出发,创业者要以与众不同的方式看待问题,从而发现别人无法发现的商机。例如,喜欢到处游玩的人可能成为一名旅游达人,在旅游中发现并利用各种的商机;一个对某一领域有浓厚兴趣和专业知识的人,可以开设一家相关的专业咨询服务公司,为客户提供个性化的解决方案。

另一个与个性相关的创业机会是创新。个性强烈的人往往不愿意被传统的思维方式束缚,他们更倾向于用新颖的方式解决问题。这种创新的能力可以应用于任何行业或领域,例如开发新产品、提供新服务或者找到新的市场机会。

同时,个性的力量还可以体现在品牌塑造上。品牌是商业竞争中非常重要的一个方面,有独特个性的创业者可以运用自己的特点来塑造独特的品牌形象。例如,通过讲述创始人故事、体现创始人的价值观和特点等手法,将品牌与创始人个性紧密联系起来,提高品牌知名度和认可度。

最后,个性的力量也可以转化为企业文化的优势。企业文化是企业的灵魂,独特的企业文化可以吸引和留住员工,提高员工的工作积极性和效率。将创始人的个性融入企业文化中,也可以让企业更具人格化,更易于被客户和合作伙伴所认知和记忆。

(五)市场空白

市场中存在一些未被满足的需求或未被开发的领域,创业者可以通过填补这些市场空白来创造商机。比如,截至 2023 年 10 月,开车出行的司机还没有办法预定目的地附近的停车位;笛子、口琴等乐器还不能"一键换调"。这些都是市场空白,都是创业机会。

创业机会的发现需要创业者具备敏锐的市场洞察力和创新思维,同时还需要考虑市场规模、竞争情况、可行性等因素。

二、创业机会的特征

(一)从一般层面上看创业机会的特征

1.普遍性

创业机会普遍存在于各种社会活动和生产经营活动过程之中,每个人都有可能发现创业机会。

2.偶然性

创业机会的发现和捕捉带有很大的不确定性,任何创业机会的产生都有"意外"因素。当然,这种偶然性也带有一定的必然性。

3.价值性

创业机会能够为用户或创业者带来价值,只有满足用户需求的商业模式才是有价值的机会。创业机会必须有价值,没有价值的一定不是机会。试想,谁会为明知无价值的事务去"创业"呢?

4.时效性

创业机会存在于一定的时间和空间范围内,同时也具有一定的不稳定性,随着时间和空间的变化,创业机会也会发生变化。因此,创业者需要敏锐地把握市场变化,及时抓住机会。

5.创新性

创业机会的出现往往是因为现有市场环境存在问题或者新兴行业的出现,因此,创新是捕捉创业机会的关键,创业者需要具备一定的创新能力。只要敢于创新、善于创新,这个世界遍地都是创业机会。

(二)从创业企业战略层面上看创业机会的特征

1.市场方面的特征

主要指创业者所面临的市场环境的特征,包括市场的成长空间、市场的规模、市场的竞争程度、是否拥有良好的市场网络关系等。

2.产品本身的特征

主要指产品本身的技术优势,包括产品技术是否存在进入壁垒、产品技术是否有成本优势、技术优势能否持久等。

三、创业机会的识别

(一)创业机会的识别方式

识别创业机会是创业领域的关键问题之一。从创业过程来说,识别创业机会是创业的起点。许多好的商业机会并不是突然出现的,而是对于"一个有准备的头脑"的一种"回报"。在机会识别阶段,创业者需要弄清楚机会在哪里、怎样去寻找。

1.识别现有市场中的创业机会

对创业者来说,在现有的市场中发现创业机会,是很自然和较经济的选择。一方面,它与我们的生活息息相关,我们能真实地感觉到市场机会的存在;另一方面,由于总有尚未全部满足的需求,在现有市场中创业,能减少机会的搜寻成本,降低创业风险。现有市场中的创业机会存在于不完全竞争下的市场空隙、规模经济下的市场空间、企业集群下的市场空缺等。

（1）不完全竞争下的市场空隙

不完全竞争理论或不完全市场理论认为,企业之间或者产业内部的不完全竞争状态,导致市场存在各种现实需求,大企业不可能完全满足市场需求,必然使中小企业具有市场生存空间。中小企业与大企业互补,可以满足市场上不同的需求。大中小企业在竞争中生存,市场对产品差异化的需求是大中小企业并存的理由,细分市场以及系列化生产使得小企业的存在更有价值。

（2）规模经济下的市场空间

规模经济理论认为,任何行业都存在企业的最佳规模或者最适度规模的问题。超越这个规模,必然带来效率低下和管理成本的提升。行业不同,决定了企业的最佳规模不同,大小企业最终要适应这一规律,发展适合自身的产业。

（3）企业集群下的市场空缺

企业集群主要指地方企业集群,是一组在地理上靠近的相互联系的公司同处在一个特定的产业领域,由于具有共性和互补性而联系在一起。集群内中小企业彼此间发展高效的竞争与合作关系,形成高度灵活专业化的生产协作网络,具有极强的内生发展动力,依靠不竭的创新能力保持地方产业的竞争优势。

2.识别潜在的创业机会

潜在的创业机会来自新科技应用和人们需求的多样化等。成功的创业者能敏锐地感知社会大众的需求变化,并能够从中捕捉市场机会。

新科技应用可能改变人们的工作和生活方式,出现新的创业机会。现代移动通信技术的发展,使人们在家里办公成为可能;互联网的出现,改变了人们工作、生活、交友的方式;网络游戏的出现,使成千上万的人痴迷其中,乐此不疲;网上购物、线上教育的快速发展,使信息的获取和共享日益重要。在这些工作和生活方式的变化中,蕴藏着许多潜在的创业机会。

需求多样化源自人的本性,人类的欲望是很难得到全部满足的。在细分市场里,可以发掘尚未满足的潜在创业机会。一方面,根据消费潮流的变化,可以捕捉可能出现的创业机会;另一方面,根据消费者的心理,通过产品和服务的创新,可以引导需求并满足需求,从而开发一个全新的市场。

3.识别衍生的创业机会

衍生的创业机会来自经济活动的多样化和产业结构的调整等方面。

(1)经济活动的多样化为创业拓展了新途径

一方面,第三产业的发展为中小企业提供了非常多的成长点。现代社会人们对信息、咨询、文化教育、金融、服务、运输、娱乐等行业提出了更多更高的需求,从而使社会经济活动中的第三产业日益发展。第三产业一般不需要大规模的设备投资,这为中小企业的经营和发展提供了广阔的空间。

另一方面,社会需求的易变性、高级化、多样化和个性化,使产品向优质化、多品种、小批量、更新快等方向发展,也有力地刺激了中小企业的发展。

(2)产业结构的调整与国企改革为创业提供了新契机

党的十六大报告曾指出:"要深化国有企业改革,进一步探索公有制特别是国有制的多种有效实现形式,大力推进企业的体制、技术和管理创新。除极少数必须有国家独资经营的企业外,积极推进股份制,发展混合所有制经济。"因此,随着国企改革的推进,民营中小企业除了涉足制造业、商贸餐饮服务业、房地产等传统业务领域外,将逐步介入中介服务、生物医药、大型制造等有更多创业机会的领域。

(二)成功识别创业机会所需的条件

面对相同的创业机会,并非所有潜在创业者都能把握。成功识别创业机会是创业意愿、创业能力和创业环境等多因素综合作用的结果。

1.创业意愿是成功识别创业机会的前提

创业意愿是创业的原动力,它推动创业者去发现和识别市场机会。若是没有创业意愿,再好的创业机会也会视而不见,或与其失之交臂。

2.创业能力是成功识别机会的基础

能否成功识别创业机会在很大程度上取决于创业者的个人(团队)能力,这一点在中国社会科学院 2004 年发布的《当代中国社会流动报告》中得到了部分佐证。报告通过对 1993 年以后私营企业主阶层变迁的分析发现,私营企业主的社会来源越来越以各领域精英为主,经济领域精英的转化尤为明显,而普通百姓转化为私营企业主的机会越来越少。国内外研究和调查显示,与创业机会识别相关的能力主要有远见与洞察能力、信息获取能力、技术发展趋势预测能力、模仿与创新能力、建立各种关系的能力等。

3.创业环境的支持是成功识别创业机会的关键

创业环境是创业过程中多种因素的组合,包括国家政策、社会经济条件、创业资金和非资金支持等。一般来说,如果社会有浓厚的创业氛围,有各种渠道的金融支持和完善的创业服务体系,有公平、公正的竞争环境,那就会鼓励更多的人创业。

习近平总书记在党的二十大报告中强调,必须坚持科技是第一生产力、人才是第一资源、创新是第一动力,深入实施科教兴国战略、人才强国战略、创新驱动发展战略,开辟发展新领域新赛道,不断塑造发展新动能新优势。党和国家在构建大学生创新创业教育体系、激活大学生创新创业内生动力、优化大学生创新创业实践平台等方方面面做出努力,为大学生创新创业创造了良好的环境。

同步训练

创业项目查找练习

创业项目
查找练习

阅读并练习,记下你认为自己最有兴趣、有资源、有能力达成创新成果的创业项目。

训练笔记:＿＿＿＿＿＿＿＿＿＿＿＿＿＿＿＿＿＿＿＿＿＿＿＿
＿＿＿＿＿＿＿＿＿＿＿＿＿＿＿＿＿＿＿＿＿＿＿＿＿＿＿＿＿＿＿＿
＿＿＿＿＿＿＿＿＿＿＿＿＿＿＿＿＿＿＿＿＿＿＿＿＿＿＿＿＿＿＿＿
＿＿＿＿＿＿＿＿＿＿＿＿＿＿＿＿＿＿＿＿＿＿＿＿＿＿＿＿＿＿＿＿
＿＿＿＿＿＿＿＿＿＿＿＿＿＿＿＿＿＿＿＿＿＿＿＿＿＿＿＿＿＿＿＿

推荐阅读

《创业机会
识别研究》

《创业机会识别研究》

创业机会已经成为创业研究的一个热点问题,本文基于现有研究中创业机会评价指标体系,重新构建了一个创业机会识别综合模型,其核心思想认为,创业机会识别是一个过程。欲知详情,请扫描阅读。

微课视频
创业风险

第二节　创业风险

创业箴言

创业是一种冒险,但不冒险就无法取得成功。

一、创业风险的来源

创业风险源自创业活动相关因素的不确定性。在创业过程中,创业者要投入大量的人力、物力和财力,要引入和采用各种新的生产要素与市场资源,要对现有的组织结构、管理体制、业务流程、工作方法进行变革。这一过程中必然会遇到各种意想不到的情况和困难,有可能使结果偏离创业的预期目标。

具体来说,创业风险主要来自以下几个方面。

1.融资缺口

融资缺口存在于学术支持和商业支持之间,是研究基金和投资基金之间存在的断层。其中,研究基金通常来自个人、政府机构或公司研究机构,它既支持概念的创建,还支持概念可行性的证实;投资基金则将概念转化为有市场的产品原型(这种产品原型有令人满意的性能,对其生产成本有足够的了解并且能够识别其是否有足够的市场)。创业者可以证明其构想的可行性,但往往没有足够的资金实现其构思的商品化,从而给创业带来一定的风险。通常,只有极少数资金愿意鼓励创业者跨越这个缺口,如政府资助计划,以及富有的个人专门进行早期项目的风险投资等。

2.研究缺口

研究缺口主要存在于仅凭个人兴趣所作的研究判断和基于市场潜力的商业判断之间。当一个创业者最初证明一个科学突破或技术突破可能成为开发新的商业产品的基础时,他仅仅停留在自己满意的论证程度上。然而,这种程度的论证后来不可行了,在将预想的产品真正转化为商业化产品(大量生产)的过程中,需要大量复杂而且可能耗资巨大的研究工作(有时需要几年时间),从而形成创业风险。

3.信息和信任缺口

信息和信任缺口存在于技术专家和管理者(投资者)之间。也就是说,在创业中,存在两种不同类型的人,一是技术专家,二是管理者(投资者)。这两种人接受不同的教育,对创业有不同的预期、信息来源和表达方式。技术专家知道哪些内容在科学上是有趣的,哪些内容在技术上是可行的,哪些内容根本就是无法实现的。在失败类案例中,技术专家要承担的风险一般表现为在学术上、声誉上受到影响,以及没有金钱上的回报。管理者(投资代理人)通常比较了解将新产品引进市场的程序,但当涉及具体项目的技术部分时,他们不得不相信技术专家,可以说管理者(投资者)是在拿别人的钱冒险。如果技术专家和管理者(投资代理人)不能充分信任对方,或者不能够进行有效的交流,那么这一缺口将会变得更大,带来更大的风险。

4.资源缺口

资源与创业者之间的关系就如颜料和画笔与艺术家之间的关系。没有了颜料和画笔,艺术家即使有了构思也无从实现。创业也是如此。没有所需的资源,创业者将一筹莫展,创业也就无从谈起。在大多数情况下,创业者不能拥有所需的全部资源,这就形成了资源缺口。如果创业者没有能力弥补相应的资源缺口,要么创业无法起步,要么在创业中受制于人。

5.管理缺口

管理缺口是指创业者并不一定是出色的企业家,不一定具备出色的管理才能。进行创业活动可能存在两种情况:一是创业者利用某一新技术进行创业,他可能是技术方面的专业人才,但却不一定具备专业的管理才能,从而形成管理缺口;二是创业者往往有某种"奇思妙想",如新的商业点子,但在战略规划上不具备出色的才能,或不擅长管理具体的事务,从而形成管理缺口。

有效管理创业风险可以减少或杜绝上述的不确定性。

二、大学生创业风险的具体体现

1.项目选择太盲目

大学生创业时如果缺乏前期市场调研和论证,只是凭自己的兴趣和想象来决定投资方向,甚至仅凭一时心血来潮做决定,一定会碰得头破血流。大学生创业者在创业初期一定要做好市场调研,在了解市场的基础上创业。一般来说,大学生创业者资金实力较弱,选择启动资金要求不多、人手配备要求不高的项目,从小本经营做起比较适宜。

2.缺乏创业技能

很多大学生创业者眼高手低,当创业计划付诸实施时,才发现自己根本不具备解决问题的能力,这样的创业无异于纸上谈兵。消除眼高手低可以从两个方面入手:一方面,大学生应去企业打工或实习,积累相关的管理和营销经验;另一方面,积极参加创业培训,积累创业知识,接受专业指导,提高创业成功率。

3.资金风险

资金风险在创业初期会一直围绕着创业者。是否有足够的资金创办企业是创业者遇到的第一个问题。企业创办起来后,就必须考虑是否有足够的资金支持企业的日常运作。对于初创企业来说,如果连续几个月入不敷出或者因为其他原因导致企业的现金流中断,都会遭遇极大的威胁。相当多的企业会在创办初期因资金紧缺而严重影响业务的拓展,甚至错失商机而不得不停业。

4.社会资源匮乏

创建企业、开拓市场、推介产品等工作都需要调动社会资源,大学生在这方面会感到非常吃力。平时应多参加各种社会实践活动,扩大自己人际交往的范围。创业前,可以先到相关行业领域工作一段时间,通过这个平台,为自己日后的创业积累人脉。

5.管理能力不足

一些大学生创业者虽然技术出类拔萃,但理财、营销、沟通、管理方面的能力普遍不足。要想创业成功,大学生创业者必须技术、经营两手抓,可从合伙创业、家庭创业或虚拟店铺开始,锻炼管理能力,也可以聘用职业经理人负责企业的日常运作。

创业失败者基本上都是管理方面出了问题,其中包括决策随意、信息不通、理念不清、患得患失、用人不当、忽视创新、急功近利、盲目跟风、意志薄弱等等。特别是大学生知识单一,经验不足,资金实力和心理素质明显不足,管理上的风险会更大。

6.竞争风险

找到"蓝海"是创业的良好开端,但并非所有的新创企业都能找到蓝海。更何况,蓝海也只是暂时的,所以,竞争是必然的。如何面对竞争是每个企业随时都要考虑的事,而对新创企业更是如此。如果创业者选择的行业是一个竞争非常激烈的领域,那么在创业之初极有可能受到同行的强烈排挤。一些大企业为了把小企业吞并或挤垮,常会采用低价销售的手段。对于大企业来说,由于规模效益或实力雄厚,短时间的降价并不会对它造成致命的伤害,而对初创企业来说则可能意味着彻底毁灭。因此,考虑好如何应对来自同行的残酷竞争,是创业企业生存的必要准备。

7.团队分歧的风险

现代企业越来越重视团队的力量。创业企业在诞生或成长过程中最主要的力量来源一般都是创业团队,一个优秀的创业团队能使创业企业迅速发展起来。但与此同时,风险也就蕴含在其中,团队的力量越大,产生的风险也就越大。一旦创业团队的核心成员在某些问题上产生分歧不能达成一致意见,极有可能对企业造成强烈的冲击。

事实上,做好团队的协作并非易事。特别是与股权、利益相关联时,很多初创时很要好的伙伴都会闹得不欢而散。

8.缺乏核心竞争力

对于具有长远发展目标的创业者来说,他们的目标是不断地发展壮大企业,因此,企业若不具有自己的核心竞争力就是最主要的风险。一个依赖别人的产品或市场来打天下的企业是永远不会成长为优秀企业的。核心竞争力在创业之初可能不是最重要的问题,但要谋求长远的发展,就是最不可忽视的问题。没有核心竞争力的企业终究会被淘汰出局。

9.人力资源流失风险

一些研发、生产或经营性企业需要面向市场,大量的高素质专业人才或业务队伍是这类企业成长的重要基础。防止专业人才及业务骨干流失应当是创业者需要时刻注意的问题,在那些依靠某种技术或专利创业的企业中,拥有或掌握这一关键技术的业务骨干的流失是创业失败的最主要风险源。

10.意识上的风险

意识上的风险是创业团队最内在的风险。这种风险看似无形,却有强大的毁灭力。风险性较大的意识有:投机的心态、侥幸心理、试试看的心态、过分依赖他人、回本的心理等。

总之，大学生创业过程中的创业风险并不仅此十点，在企业发展过程中，随时都可能遭遇灭顶之灾。保持积极的心态，多学习，多汲取优秀经验，结合大学生既有的特长优势，相信大学生创业的步伐会越走越远，越走越稳。

三、大学生创业风险的管理

（一）大学生自主创业风险管理的必要性

风险是社会活动中客观存在的，与收益一样。自然，大学生自主创业这一活动也不例外。其风险来源于大学生自身及社会层面。

从社会层面来说，大学生创业的社会环境比较恶劣，竞争比较激烈，初创企业无法与一些成熟的企业抗衡。从大学生自身的角度来说，一方面，大学生在毕业之前一般都没有什么经验，仅仅有理论知识，对创业的想法很单纯，在选择创业项目上比较盲目。另一方面，有些大学生的能力以及性格等都不适合创业，但基于对成功企业家的崇拜，一股脑地加入创业大军中，他们只看到了别人的成功，却没有看到别人创业背后的辛苦。据网易新闻统计，大学生自主创业的公司在 3 年内失败的，高达 95％。

因此，强化大学生自主创业风险的管理是非常有必要的，这可以促使大学生正确地认识创业，并成熟地自主创业。

（二）大学生创业风险的防范措施

1.强化企业风险识别能力

创业风险识别是一个过程，在这个过程中，创业者需要使用各种方法来判断、分析和识别企业可能会面临的现实或潜在风险。大学生创业者需要具备识别风险的能力，并在创业过程中结合实际不断提升这种能力。大学生创业者一般需要拥有以下特质：一是居安思危、防患于未然的意识，二是实事求是的精神，三是坚持不懈的努力。创业风险贯穿整个创业活动过程，并且这些风险往往是变化的、连续的、具有关联的，因此创业风险的识别不应是一时的，而应该是长时间的、系统的，创业者需要做好长期预防工作。

2.慎重选择创业项目

目前，大学生创业项目十分有限，所选项目大都技术含量低，可模仿性高,容易被替代。根据相关数据统计,大学生创业人群中,34.63％的人选择从事服务业,其次是制造业(13.27％)和金融业(12.94％),占比最小的是科技行业,仅有11.71％。在这样的背景下,大学生创业者不仅要全面分析自身的创业条件,还要客观地调查市场情况,在具备能力的情况下最大程度地挑选技术含量高甚至有自主知识产权的项目,在创业想法创新的同时保证产品创新,进一步做好市场推广工作。

3.加强资金管理和财务知识学习

在创业初期,大学生创业者就必须做好资金规划,合理编制资金预算,严格控制创业成本,加强成本管理,提高资金的使用率。同时,拓展融资渠道,积极关注各项创业政策,寻找适合的、灵活便捷的融资方式,为企业发展提供良好的资金支撑。此外,大学生创业者还要不断学习财务知识。只有进行良好的财务管理,才能科学、可持续地开展创业活动。

4.加强企业内部管理,建立管理制度

制度是企业的根本,是对企业员工的鞭策和激励。虽然大学生所创办的企业中人数一般不多,但也需要在技术、营销、财务、人力资源等方面进行明晰的分工。大学生创业者如果想要建立一支精英员工队伍,就需要建立严格的企业内部管理制度,明确岗位工作职责,规范员工工作,同时也需要激励员工为公司做贡献。内部管理制度确立之后,必须严格按照制度进行管理,奖罚分明,规范管理,如此才能合理规避因管理架构不合理而带来的风险。

(三)大学生创业风险管理能力的培育

1.大学生素质的培养

作为创业中处于劣势的群体,大学生创业更容易产生风险,从而导致创业失败。所以,为了规避风险,高校必须培养大学生创业风险管理的能力,提高他们自身的素质,为创业成功提供支撑。我们可以从以下几方面培养学生的素质,为大学生创业增加成功的概率。

第一,为学生提供创业基地。在学生具有创业意向时,学校可以向大学生提供创业基地,让学生在其中进行能力的训练和培养,提升领导力、管理能力等创业所必须具备的能力。

第二,为学生提供免费的培训课程。课程内容主要包括企业面临突发问题时的解决方案,从哪里找到企业的创新突破口等,从而培养学生的行政

公关能力,为未来企业的发展打下坚实的基础。

第三,鼓励大学生创业者加入学校的组织中,例如团组织、党组织和学生会等。在这些组织机构中进行工作,可以有效培养学生的综合能力,为学生未来创业积累经验。

2.风险意识的培养

大学生在创业过程中要能够树立正确的风险意识,即大学生创业者在创业初期能够预测风险,在创业中期能够沉着冷静处理风险,以及在创业后期能够预防风险。

为了培养大学生的创业风险管理能力,首先要提高大学生的风险意识、金融危机意识和市场竞争意识。市场瞬息万变,创业初期的企业始终处于风险之中,为了预防风险,大学生必须提高自身预防和应对各种风险的能力。为了培养风险意识,有效地规避风险,大学生需要收集和分析市场信息,学习宏观经济学、微观经济学等,这些都是应对市场变化时可以运用到的内容。同时,为了新创企业可以在国家允许的范围内快速成长,大学生必须学习基本的经济和法律知识,保证企业经营的业务受法律保护,在企业面临风险时,可以使用法律武器保护企业的合法权益。学生通过资料的查阅和探讨,可以了解创业成功的要素且掌握创业过程中遇到的各种风险,在创业的过程中有效地规避风险。

3.积累经验和资本

大学生需要经验、资金和技能来创业,只有将这些资源聚集在一起,大学生创业成功的概率才会增加。

首先,大学生可以向成功的企业家学习,学校可定期举办相应的讲座,邀请成功的企业家来到校园向学生分享创业过程中发生的故事以及创业过程中需要注意的问题,有意向创业的学生参加讲座之后可掌握创业成功的要素,为自己未来创业提供思路。大学生也可去优秀的企业实践学习。大学生长期处于理论知识学习的状态,不利于学生实践能力和综合能力的提升。学校可与当地的企业合作,鼓励学生去企业实习。实习过程中,学生能掌握相应的工作技巧和企业管理模式,这对大学生未来的创业十分有利,这也是高校一直鼓励大学生参加实习和实践活动的主要原因。不断积累经验可以有效避免纸上谈兵的尴尬。

其次,大学生创业还需要资金,有足够的资金支持,大学生创业活动才能有效进行。因此,高校可以为大学生寻找企业来投资,帮助大学生筹集创业启动资金等,保证大学生在具有创业能力的情况下,可以实行创业。

4.应用创业项目孵化帮扶机制

相较于其他创业人群,大学生创业者缺少社会阅历,创业热情有余而韧劲不足,选择创业时往往未经过认真的市场调研,仅凭个人美好想象就仓促上阵,导致创业过程中遇到各种问题。当前,不少高校为了促进大学生创业项目孵化,成立了"大学生创业孵化基地""大学生创业指导中心"等机构,为创业团队配备导师,在创业项目引导、创业技能培训、创业风险评估等方面为大学生创业提供专业化、精细化的指导、咨询和服务。大学生应充分利用这些机构为创业项目提高成熟度,降低项目风险。

同步训练

低风险创业训练方案

这是一份十分有效的创业训练指南。完成整个训练方案需要一段时间,而不是一两节课就可以一蹴而就的。有兴趣的同学不妨按部就班试试看,一定会有惊喜!

请依照上述训练方案,制订你的训练计划。

训练笔记:＿＿＿＿＿＿＿＿＿＿＿＿＿＿＿＿＿＿＿＿＿＿

＿＿＿＿＿＿＿＿＿＿＿＿＿＿＿＿＿＿＿＿＿＿＿＿＿＿＿＿＿＿

＿＿＿＿＿＿＿＿＿＿＿＿＿＿＿＿＿＿＿＿＿＿＿＿＿＿＿＿＿＿

＿＿＿＿＿＿＿＿＿＿＿＿＿＿＿＿＿＿＿＿＿＿＿＿＿＿＿＿＿＿

＿＿＿＿＿＿＿＿＿＿＿＿＿＿＿＿＿＿＿＿＿＿＿＿＿＿＿＿＿＿

低风险创业
训练方案

推荐阅读

《创业风险管理》

这本书的可读性较强,在一定程度上填补了国内此类教材的空白,为高校和培训机构进行创业教育和辅导提供了有针对性的专业教材,现实意义很大,有利于促进我国以创业带动就业的发展目标。创业是富民的根本大事。希望创业活动能在我们国家蓬勃发展,更多的人能够树立正确的创业观,敢于创业,理性创业,有准备地创业,以创业的方式实现自我价值。尤其希望有更多的具备一定条件的大学生能够走上奋发图强、报效国家的创业之路。

DAXUESHENG

大学生创业技能培训教材

创业风险管理

刘亚娟 编 著

中国劳动社会保障出版社

《创业风险管理》

作者：刘亚娟
出版社：中国劳动社会保障出版社
出版时间：2011 年 7 月

阅读笔记：

_____

_____

_____

_____

_____

_____

_____

_____

_____

_____

_____

_____

微课视频
大学生创业项目
的选择

第三节　大学生创业项目的选择

创业箴言

创业是一种勇气，是一种敢于冒险的精神。

一、创业项目选择的原则

好的创业项目必须具备以下三条原则：前景好、有特色、符合政策法规。

1.前景好

一般而言创业要选择市场前景比较好的项目,前景则体现在项目有较大的市场需求。创业者必须明确"项目是为解决客户的问题而存在的"。项目存在的前提是客户有需求,客户不满意,项目生存时间就不会长。这就要求选择创业项目时要紧跟市场需求。创业刚开始时就应该搞清楚:这是市场需要的吗? 需要多少? 用此来判断创业项目选择的合适与否。

要知道创业项目的前景如何,就需要进行项目前景分析。创业项目前景分析主要包含以下两个方面:一是行业趋势分析,即分析消费者需求趋势、技术创新趋势和政策趋势;二是商业机会分析,如分析是否存在市场空白区域,是否有可持续发展商业模式,有没有数字化转型机会。

2.有特色

对准备创业的学生来说,非常重要和紧迫的是要有创新意识,要以创新的眼光去寻找有特色的创业项目,要让特色成为项目的亮点,要能辨别出哪些是有特色的商品而哪些是大路货商品。市场上不缺大路货,缺的是特色服务和特色商品。

3.符合政策法规

要选择国家准入的行业和领域进行创业。要了解国家政策,比如国家对于普通的民用商品一般没有什么限制,但对一些特殊领域是明令禁止的,部分领域是有限制条件准入的,在相对虚拟化的互联网平台上操作时要注意操作的合法性,还要避免涉及一些国家政策没有规定的灰色区域。总之要确保项目是合规的。

二、创业项目选择的策略

大学生选择创业项目应有策略,可以根据以下几个方面进行考虑。

1.市场需求

成功的创业项目首先要考虑市场需求,即消费者对某种产品或服务的需求。基于市场需求选择创业项目,有助于确保项目在市场中具备竞争力,同时为创业者带来可持续的商业机会。要选择一个有市场需求的项目,可以通过市场调研、分析行业趋势和竞争情况等方式来确定市场需求的存在和潜在的规模。

2.个人兴趣和特长

如果你喜欢自己做的事情,那么你将更加热衷于这份工作并愿意投入更多的时间和精力。因此,个人的兴趣是一个重要的判断标准,它可以帮助你更好地应对挑战并坚持自己的目标。选择一个与自己的兴趣和特长相关的项目,可以增强创业的动力,提高成功的可能性。同时,自己对该领域的了解和经验也能够帮助你解决问题和应对挑战。创业过程中,最重要的要素莫过于自身的特长和优势。可以考虑从自己熟悉的行业或工作内容寻找切入口,因为自己的专业能力和工作经验是打造竞争力的优势。例如,如果你是一名 UI(用户界面)设计师,你可以考虑开设一家设计事务所,专注于为不同的客户提供用户体验咨询和设计服务。

3.可持续性

可持续性是指在满足当前需求的同时,不损害未来世代利益的能力。在创业项目中,考虑可持续性需要从多个方面出发:首先是环境可持续性,创业者应该关注项目对环境的影响,注意节能减排、资源再利用等;其次是社会可持续性,项目应该关注社会公益价值,避免对社会造成负面影响;最后是经济可持续性,这是项目能否持续发展的基础。创业者需要考虑项目的盈利模式和商业模式,保证项目的长期可持续性。

4.竞争优势

选择一个有竞争优势的项目,能够在市场中脱颖而出并取得成功。可以通过独特的产品或服务、创新的商业模式、专利技术或独特的资源等建立竞争优势。

在竞争激烈的市场中,创业者需要具备一定的竞争优势才能够取得成功。创业竞争优势包括产品或服务创新、运营低成本、市场定位准确,以及拥有人力资源管理和超前的市场营销策略等方面的优势。

5.可控的风险

选择一个风险可控的项目,能够在创业过程中合理评估和管理风险。可以通过制订风险管理计划、寻找合作伙伴或投资者等方式来降低风险。

创业时,要想使风险最小化而收益最大化,就必须选择那些成本可控而收益相当可观的项目,这种项目即使亏了,风险也是可控的、可承受的;如果成功了,获得的收益是比较大的。比如,开网店、直播带货等,投资不大,但一旦成功,收入相当可观。

　　综合考虑以上因素,可以选择一个符合自身条件和市场需求的创业项目,并制定相应的策略来实施和推进。

本章小测　　　答案及解析

第七章　创业团队

学习目标

1.了解创业者应具备的基本素质。

2.掌握创业者素质提升的方法。

3.了解创业团队的概念和类型。

4.掌握组建创业团队的方法。

5.培养创业团队管理能力。

本章思维导图（见图7-1）

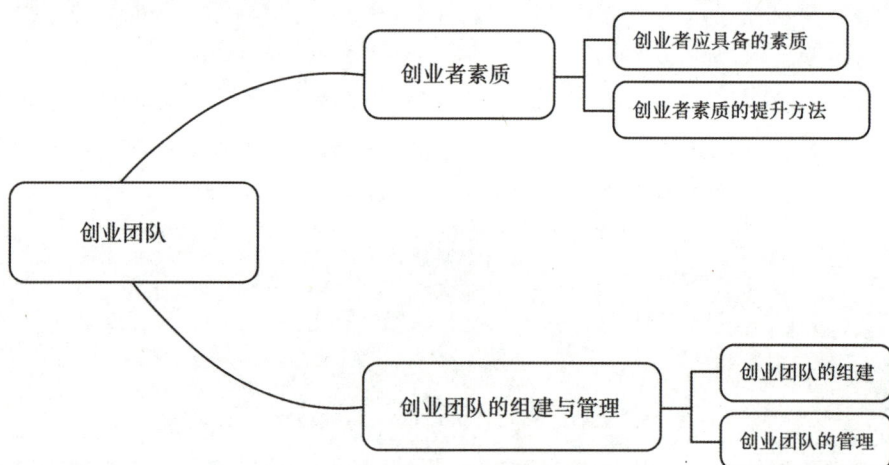

图 7-1　第七章思维导图

微课视频
创业者素质

创业箴言

一个伟大的团队可以产生伟大的结果。

第一节　创业者素质

一、创业者应具备的素质

创业者应具备的基本素质包括以下几个方面。

1.创新能力

创业者需要具备创新思维和能力，能够发现市场机会，提出创新的商业模式、产品和服务。

2.激情和动力

创业者需要对自己的事业充满激情和动力，才能够坚持不懈地追求目标，面对困难和挑战时能够保持积极的态度。

3.领导能力

创业者需要具备良好的领导能力，能够有效地组织和管理团队，激发团队成员的潜力，推动团队向共同目标努力。

4.决策能力

创业者需要具备良好的决策能力，能够在复杂的商业环境中做出明智的决策，权衡利弊，抓住机遇。

5.风险承受能力

创业者需要具备较强的风险承受能力，能够在不确定的环境中承受风险和压力，并能够灵活应对变化。

6.沟通能力

创业者需要具备良好的沟通能力，能够与合作伙伴、投资人、员工和客户进行有效的沟通和协调。

7.学习能力

创业者需要具备良好的学习能力，能够不断学习和更新知识，适应市场的变化和发展。

奋斗永远都不晚

8.坚韧不拔的意志

创业者需要具备坚忍不拔的意志，能够在困难和挫折面前保持积极的态度，不轻易放弃。

总之，创业者需要具备多方面的素质，包括创新能力、激情和动力、领导能力、决策能力、风险承受能力、沟通能力、学习能力、坚韧不拔的意志等，才能够在竞争激烈的市场中取得成功。

二、创业者素质的提升方法

创业者素质的提升可以从以下几个方面进行。

1.学习与知识更新

创业者应该不断学习新知识，了解行业动态和市场趋势，提高自己的专业素养。可以通过读书、参加培训课程、参与行业交流等方式进行知识更新。

2.拓展人脉与资源

创业者应该积极拓展人脉，与行业内的专业人士、投资人、合作伙伴建立联系，获取更多的资源和支持。可以通过参加行业活动、加入创业社群、利用社交媒体等方式扩大人脉圈。

3.提升领导力与管理能力

创业者需要具备良好的领导力和管理能力，能够有效地组织团队、制定战略、解决问题。可以通过参加领导力培训、学习管理知识、与成功创业者交流等方式提升自己的领导力和管理能力。

4.增强创新思维与创造力

创业者应该培养创新思维和创造力，能够不断提出新的创意和解决方案。可以通过参加创新思维培训、阅读与创新相关的书籍、与其他创业者分享经验等方式培养创新思维和创造力。

5.增强抗压能力与逆境应对能力

创业过程中会面临各种挑战和困难,创业者需要具备良好的抗压能力和逆境应对能力。可以通过参加心理压力管理培训、学习心理调适方法、与其他创业者互相支持等方式来增强抗压能力和逆境应对能力。

总之,创业者素质的提升需要不断学习和实践,通过积累经验和与他人交流,不断提高自己的能力和素养。

案例分析

创业团队案例两则

案例思考:一则寓言和一则纪实给了你怎样的创业团队启示?

创业团队案例两则

_____

_____

_____

_____

_____

_____

_____

_____

推荐阅读

《创业者的素质与创业管理》

影响创业成就的因素有四个:创业者素质、行业选择、商业计划和股东。由于后三个因素在一定程度上也取决于创业者,因此,影响创业成就的核心因素是创业者素质。本书从两个立场展开讨论创业者素质问题:第一是从投资者立场讨论如何评价和识别创业者素质;第二是从创业者立场讨论如何进行自我修炼和提高。

国家自然科学基金资助项目〔70572075〕

创业者的素质与
创业管理

陈德棉 著

同济大学出版社
TONGJI UNIVERSITY PRESS

《创业者的素质与创业管理》

作者:陈德棉
出版社:同济大学出版社
出版时间:2011 年 9 月

阅读笔记:
_____
_____
_____
_____
_____
_____
_____
_____
_____
_____
_____
_____
_____
_____
_____
_____

微课视频
创业团队的
组建与管理

第二节   创业团队的组建与管理

创业箴言

　　创业团队中的每个成员都应该有领导力和团队合作的能力,只有这样才能带领团队走向成功。

　　创业团队是一群有着共同目标的人通过有效的制度管理凝聚在一起而形成的集体。团队里的人各自发挥不同的特长完成一个任务,成员间的贡献会形成良性互补。团队以群体形态通过协同合作、共担责任完成工作任务。团队形成之初就有一致的目标,达成共同分担责任、履行义务,积极维护团队制度规程的共识,为实现目标而努力。以往数据显示,团队创业的工作效率和成绩远远超过了个体单独创业的总和。所以创业团队的组建对大学生创业成功与否起着非常重要的作用。

一、创业团队的组建

(一)创业发起人

创业团队一般都有一个发起人,我们称之为创业团队发起人。他拥有好的创业项目或想法或专利,主动组织创业团队。创业发起人往往也是团队的领导者或新创企业的负责人。

(二)团队成员

团队是由成员组成的一个共同体,它合理利用每一个成员的知识和技能协同工作,解决问题,达成共同的目标。

创业团队由具备不同技能的成员组成:CEO(首席执行官)、CTO(首席技术官)、CFO(首席财务官)、COO(首席市场官),大家的分工和责任各有侧重,但创业伊始,更多的责任会落在 CEO 的身上。

创业团队通常包括以下角色。

1.领导者

作为团队的核心,领导者负责制定团队的战略,做出重大决策,以及激励和鼓舞团队成员。领导者通常负责协调各个部门的工作,确保所有的任务都按照计划进行。

2.产品/项目负责人

产品或项目负责人负责产品的整体运作,包括产品开发、功能设计、用户反馈等方面。他们与团队中的其他成员紧密合作,以确保产品或项目的成功。

3.市场营销负责人

市场营销负责人负责推广和销售产品或服务,包括市场研究、品牌管理、广告策划等。他们与团队中的其他成员合作,以确保产品或服务能够吸引和满足目标客户。

4.运营负责人

运营负责人负责管理团队的后勤工作,包括财务、人力资源、法律事务等。他们确保团队有足够的资源来支持产品和项目的开发。

5.设计师

设计师负责产品的视觉和用户体验设计，他们与产品/项目负责人紧密合作，以确保产品的设计符合用户需求和市场趋势。

6.开发者

开发者负责开发和维护软件和硬件产品，包括前端开发、后端开发、测试等。他们与其他团队成员合作，以确保产品的顺利开发和上线。

7.销售和客户支持团队

销售和客户支持团队负责与客户进行沟通和交流，解答客户的问题，处理客户的投诉，并提供售后服务。他们需要与其他团队成员合作，以确保客户满意度和忠诚度达到一定水平。

以上是创业团队的一些常见的角色，但具体的组成可能因团队规模、行业和特定需求而有所不同。重要的是要确保团队成员能够相互协作和支持，以实现共同的目标和愿景。

（三）创业团队的类型

一般来说，创业团队大体上可以分为三种：星状创业团队（star team）、网状创业团队（net team）和从网状创业团队中演化来的虚拟星状创业团队（virtual star team），这和网络拓扑结构极其相似。

1.星状创业团队

一般在团队中有一个核心主导人物充当领军角色。这种团队一般是核心主导人物有了创业的想法，然后根据自己的设想组建创业团队。因此，在团队形成之前，核心主导人物已经就团队组成进行过仔细思考，根据自己的想法选择相应人物加入团队。

这种创业团队有几个明显的特点：

(1)组织结构紧密，向心力强，主导人物在组织中的行为对其他个体影响巨大。

(2)决策程序相对简单，组织效率较高。

(3)容易形成权力过分集中的局面，从而使决策失误的风险加大。

(4)当其他团队成员和主导人物发生冲突时，因为核心主导人物的权威，其他团队成员往往处于被动地位，在冲突较严重时，一般都会选择离开团队,因而对组织的影响较大。

这种组织的典型例子如太阳微系统公司(Sun Microsystem,简称 SUN)。创业当初就是由维诺德·科尔斯勒(Vinod KhMla)确立了多用途开放工作站的概念,接着他找了乔伊(Joy)和贝希托尔斯海姆(Bechtolsheim)这两位分别在软件和硬件方面的专家,和一位具有实际制造经验和人际交往技巧的麦克尼里(McNeary),由此组成了 SUN 的创业团队。

2.网状创业团队

这种创业团队的成员一般在创业之前都有密切的关系,比如同学、亲友、同事等。一般都是在交往过程中,共同认可某一创业想法,并就创业达成了共识以后,开始共同创业。在创业团队组成时,没有明确的核心人物,大家根据各自的特长自发地进行组织角色定位。因此,在企业初创时期,各位成员基本上扮演的是协作者或者伙伴角色(partner)。

这种创业团队有几个明显的特点:

(1)团队没有明显的核心,整体结构较为松散。

(2)组织决策时,一般采取集体决策的方式,通过大量的沟通和讨论达成一致意见。因此组织的决策效率相对较低。

(3)由于团队成员在团队中的地位相当,因此容易在组织中形成多头领导的局面。

(4)当团队成员之间发生冲突时,一般都采取平等协商、积极解决的态度消除冲突。团队成员不会轻易离开。但是一旦团队成员间的冲突升级,使某些团队成员撤出团队,就容易导致整个团队的涣散。

这种创业团队的典型例子有比尔·盖茨和童年玩伴保罗·艾伦创办的微软公司、戴维·帕卡德和他在斯坦福大学的同学比尔·休利特创办的惠普公司等。这些知名企业在创建之初多是由于相互熟识,基于一些互动激发出创业点子,然后合伙创业。

3.虚拟星状创业团队

这种创业团队是由网状创业团队演化而来的,基本上是前两种的中间形态。在团队中,有一个核心成员,但是该核心成员地位的确立是团队成员协商的结果,因此核心人物从某种意义上说是整个团队的代言人,而不是主导人物,其在团队中的行为必须充分考虑其他团队成员的意见,不像星状创业团队中的核心主导人物那样有权威。

（四）创业团队的组建要则

推动一个创业项目往往依赖项目发起人。但一个创业项目能否持续发展下去则更多地取决于这个创业者能否逐步建设起一个优秀的创业团队，而不仅仅是获得足够的资金、有盈利的前景。事实上，很多创业团队恰恰是在看到盈利的曙光时因为利益冲突而崩盘散伙，让项目半途而废。因此，组建一个合适的创业团队十分重要。

1.组建创业团队注意事项

组建创业团队需要考虑多个方面，包括共同目标、合作伙伴、角色和职责、沟通机制、行为准则、团队文化等。只有通过全面考虑和精心策划，才能组建一个高效、合作、创新的创业团队。掌握以下几点对组建创业团队很有帮助。

（1）确定共同的目标和理念

这是团队组建的基础。创业团队的成员需要有共同的目标和理念，这样才能在创业过程中保持一致的方向和动力。

（2）寻找志同道合的合作伙伴

在寻找创业伙伴时，要寻找那些与自己志同道合、优势互补的人。同时，还需要考虑每个成员的背景、技能和经验，以确保团队具备实现目标所需的各种资源。

（3）制定明确的角色和职责

在团队组建过程中，需要为每个成员分配明确的角色和职责。这样可以确保每个人都清楚自己的任务和责任，并能够更好地协同工作。

（4）建立良好的沟通机制

创业过程中，沟通是非常重要的。团队成员之间需要建立良好的沟通机制，包括定期的会议、有效的沟通渠道和共享的信息平台等。

（5）制定共同的行为准则

在团队中，需要制定共同的行为准则，以保持团队的凝聚力和合作精神。同时，还需要建立良好的信任关系，以确保团队成员之间相互信任和支持。

（6）培养团队文化

一个成功的创业团队需要有强大的团队文化，这包括鼓励创新、不惧失败、奖励成功等。通过培养团队文化，可以增强团队的凝聚力和向心力。

（7）持续学习和改进

创业是一个不断学习和改进的过程。团队成员需要不断学习新知识和技能,以适应市场的变化和竞争的挑战。同时,还需要不断反思和改进自己的工作方式和方法,以提高效率和效果。

2.如何建设一支优秀的创业团队

(1)尽量选择相互熟悉的团队成员

如果创业团队成员之间非常熟悉,知根知底,每一个成员都非常清楚自身的长处和劣势,同时对其他成员的个性和能力特长也一清二楚,就可以很好地避免团队成员之间因为相互不熟悉而造成的各种矛盾、纠纷,从而迅速提高团队的向心力和凝聚力。

要特别提醒的是,很多创业者选择的合作伙伴多是同学、朋友、校友,但还是很快就产生了矛盾。这些人是创业者身边的"熟人",但不是经过项目合作考验过的搭档,双方并没有真正走过和经历过压力考验的磨合期,所以容易解散。

(2)尽量选择能力互补的团队成员

只有能力互补,能够作为一个整体来发挥实力的创业团队,才可能是一个优秀的团队。

一般而言,优秀的创业团队应当包括以下几类人。

①能够在关键时刻做出最后决策的人。这个人往往是团队的核心,可以决定项目未来的发展方向。这样的人在团队里最好只有一个。

②市场营销能力强的人。这样的人能联系到客户,打开企业的生存空间。

③执行能力强的人。这样的人能够快速完成具体工作任务。无论是产品研发、客户服务还是公司内勤,都需要这样的人才。

在创业起步期,团队应该有人了解必要的财务、法律、审计等方面的专业知识,但这方面的事务可以考虑通过外包的方式来节约成本。

需要注意的是,除了能力互补外,性格互补也很重要。创业团队需要能力强的人,但是能力越强的人越有个性,也越容易产生冲突。创业团队里面应该有一位能够缓和关系、缓解冲突的成员,他/她好比是黏合剂,能让团队内部保持和谐的气氛。

(3)尽量选择资源丰富的团队成员

每个团队成员都或多或少地拥有一定的社会资源,这些资源都可以成为创业的资本。在创业初期,怎样打开市场是最大的难题,这时就要依靠创业团队成员的现有资源了。因此,在选择团队成员时,可以充分考虑其所拥有的社会资源。这里的社会资源可以是客户资源、资金资源、供应链资源、市场资源、政府资源等。

但同时也要注意,选择这种资源丰富的成员时一定要首先考虑其在团队中有发挥作用的位置,有正常的工作安排。不要仅仅因为看中某个人的资源就将其吸收进创业团队。如果是仅仅能提供资源帮助的人,我们建议还是保持简单的商业关系更好,不要轻易吸纳为团队成员。

（4）尽量选择工作主动的团队成员

创业往往需要合伙人,而不是员工。合伙人的特征是做事自动自发,能主动承担责任,但并非任何一个人只要变成合伙人就会具备这样的素质的,这样的素质更多的是靠一个人平时的积累养成的。

寻找创业团队成员,不一定要找到"最牛的"人,完全可以先找几个"还凑合的"人把活干起来再说,后面再慢慢调整。在一个快速成长的企业里,团队和员工自身也会获得极大的发展。那些当初你看不上的人,也许会让你大吃一惊。

例如,刚开始创业的时候,马云曾认为他的那个团队支撑不了企业的成长,迟早要换成外来的"高手"和职业经理人。后面的事实证明他错了,那些当初他看不上的合伙人远比"外来的和尚"管用,而且直到现在他们都是阿里巴巴的顶梁柱。

找到一个合适的团队成员必须基于以下三点：

①前期,你对这个人已经进行了充分的了解,是了解之后才让他/她加入的。这一点很重要,也是好猎头和人力资源部门的价值所在。

②你给人才安排了合适的岗位。

③你给人才安排了合理的培训计划,并有专人带。

对于一个有工作经验的人,我们要侧重了解他的价值观与团队的匹配程度。这样的人很快就能上手,培训重点是给他创造启动工作的条件。但是这样的人很难找,也很难请。

我们找到的往往是这样两种人：一种是有一定的职场基础能力,但缺乏专业技能的人；另一种是人品不错但是缺乏实践经验的新人。

二、创业团队的管理

在国家政策大力扶持的环境下,越来越多的大学生涌入自主创业浪潮中。大学生作为创业大军中的年轻力量,一涌入市场就凭借其拼搏力量和十足的干劲得到了社会各界的高度认可。大学生创业越来越普及,越来多的大学生寻找创业的新渠道与新方法。与此同时,创业团队的管理也出现了诸多问题。

（一）创业团队管理问题

大学生创业团队管理问题主要发生在大学生创业的初创时期,下面逐一进行分析。

1.市场有效信息匮乏

在大学生创业团队建设管理中,首先面临的是信息杂乱的问题,尤其是货源信息和出货信息杂乱。校园当中所学习的知识并不能完全适用于当地市场,如果仅使用调查问卷的方式进行市场调研,所得到的信息显然是不完全的。市场信息杂乱,无法筛选出有用的信息,导致创业团队有效信息匮乏,在团队管理中无法进行合理分工,长此以往,容易出现问题。

2.资金管理不周全

大多数大学生创业团队面对支出资金问题时,都会进行简单的团队讨论。这一程序并不合理,而程序有误必然导致资金的过量支出,严重时将导致资金链断裂。只是简单地用"（售价－进价）×数量＝利润"这一公式计算盈亏是不合理的,因为没有核算人工成本、商铺成本、运输成本,也没有引入周全的会计核算办法,收入、支出、利润等概念不明。

3.管理方式不科学

大学生初创团队时,由于团队成员大多数是志同道合的大学同学,作为平等的合作伙伴,团队内部的管理往往以人情化为主,这也导致团队当中关系混乱,很多细节无法落实。员工管理过于人性化也可能影响团队凝聚力。初创团队常出现的问题之一就是上级下达给合作伙伴的命令会因为人情化而落实不到位,这也导致对接人员无法进行有效对接。团队当中管理不严,说到底还是因为管理程序不科学。

（二）团队管理问题解决办法

1.整合市场信息链

想要解决大学生创业初创团队所面临的"市场有效信息匮乏"的问题,就要从两个方面入手。首先,大学生创业初创团队应该根据自身的商品定位寻找最佳货源,整理当地的货源信息并对比价格后初选最佳货源,之后根据商家所给出的书面保障政策进行落实,落实后确定最佳货源供货商。其次,要根据出货信息数据化的要求,使用互联网技术规范出货信息,将出货信息登记在册以便接下来的账目核对,尽量缓解管理信息不完善的问题。

2.科学分配团队资金

为确保资金安全和资金合理使用,团队当中应设置财务和会计两个部门,财务部门负责支出核算,会计部门负责日常工资以及利润的核算。两个部门相互监督、相辅相成,才能够确保资金科学分配。初创团队还应该遵守绩效分配的原则,按照销售绩效来进行利润分成,避免团队当中有浑水摸鱼的情况发生。

3.引入科学有效的团队管理方式

根据大学生初创团队的实际情况,为解决管理方式不科学的问题,应从细化管理方式入手。创业团队只有完善了管理方式和管理细则,才能够在最大程度上保障团队整体的利益。大学生创业团队是一个整体,每一个团队成员各司其职,才能使团队稳定持续地运行下去。如果因为没有良好的管理方式导致团队成员产生严重的个人主义,则会极大地危害团队利益。

4.寻找稳定的供货商

寻找稳定的供货商能在一定程度上解决大学生创业初创团队由于资金链断裂所导致的团队解散,可以提高团队的抗压能力。至于怎样寻找稳定的供货商,还要基于完善的市场调查,并与供货商友好商议合作事宜。

👆 案例分析

成功创业团队案例

成功创业团队案例

不论是创大业还是创小业,都有一个创业团队。成功创业团队的组成经常是水到渠成的,生拉硬扯地寻找创业伙伴,很难形成牢固的创业团队,因而也很难成功创业。

案例思考:文中三案例,既有"草根"创业团队,也有"高大上"创业团队,阅后你有什么想法?

_____

_____

_____

_____

《如何打造一流创业团队》

今天的中国,无数的人涌向创业的道路。但我们看到的是,创业的成功率极低,其中失败的重要原因之一便是团队管理不当。其实团队管理问题并不会在企业创立之初就存在,但当公司发展到一定规模时,问题就会慢慢凸显。许多创业者在缺乏团队管理经验的情形下,其企业规模却快速膨胀,导致管理混乱,企业业务出现断崖式下降。

过去的团队管理类书籍更多着眼于成熟公司的团队管理,而本书则重点关注成长期创业公司的团队管理问题。全书将零散的管理知识点串成线,通过一张图形成对团队管理的全局认知,配合案例分析和专业解读帮助创业者找到思路,并用正确的管理工具找出问题解决问题,因而是帮助创业者形成经验认知的一本读物。

《如何打造一流创业团队:创业者
最实用的管理指南》

作者:倪云华
出版社:中国友谊出版公司
出版时间:2018 年 10 月

阅读笔记:

_____

_____

_____

_____

_____

_____

_____

_____

_____

_____

_____

_____

_____

本章小测

答案及解析

第八章 创业资源

学习目标

1.理解创业资源的概念。

2.了解创业资源的种类与开发。

3.了解创业资金的估算。

4.掌握创业资源整合的方法。

5.掌握创业融资的策略。

6.培养整合与应用创业资源的能力。

本章思维导图（见图8-1）

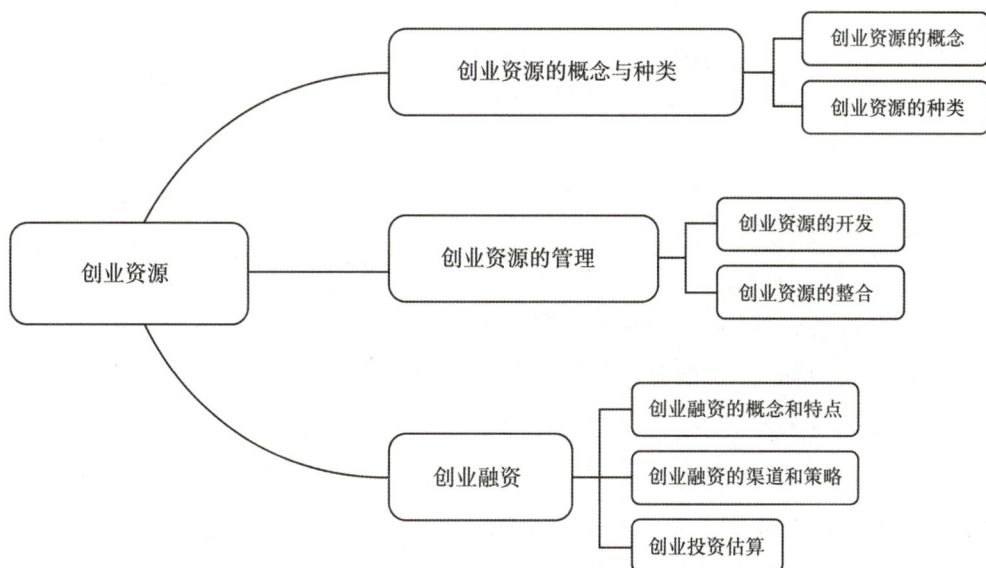

图 8-1 第八章思维导图

课前阅读

美国硅谷发展史

美国硅谷发展史

当你发现苹果、谷歌、脸书(Facebook)、英特尔、特斯拉、英伟达、甲骨文(ORACLE)、思科、惠普、高通等一众国际著名科技企业诞生在同一个地方的时候,你一定会感叹:这是什么风水宝地,太神奇了! 它就是美国硅谷。硅谷的成功并不神秘,无外乎众多创新与创业资源鬼使神差地聚集到这里,形成了科技创新与创业的绝佳生态环境。

阅读笔记:＿＿＿＿＿＿＿＿＿＿＿＿＿＿＿＿＿＿＿＿＿＿＿＿＿

＿＿＿＿＿＿＿＿＿＿＿＿＿＿＿＿＿＿＿＿＿＿＿＿＿＿＿＿＿＿＿＿

＿＿＿＿＿＿＿＿＿＿＿＿＿＿＿＿＿＿＿＿＿＿＿＿＿＿＿＿＿＿＿＿

＿＿＿＿＿＿＿＿＿＿＿＿＿＿＿＿＿＿＿＿＿＿＿＿＿＿＿＿＿＿＿＿

＿＿＿＿＿＿＿＿＿＿＿＿＿＿＿＿＿＿＿＿＿＿＿＿＿＿＿＿＿＿＿＿

创业箴言

创业者需要不断学习和提升自己的技能,将知识作为最宝贵的资源。

微课视频
创业资源的
概念与种类

第一节　创业资源的概念与种类

一、创业资源的概念

创业资源是创业者所拥有并掌握的,有助于实现创业目的的要素及要素的组合,亦即新创企业在创造价值的过程中所需要的特定的资产,包括有形的资产与无形的资产,它是新创企业创立和运营的必要条件,主要表现形式为:创业人才、创业资本、创业机会、创业技术和创业管理等。

创业资源在创业过程中具有重要的作用,它们对于创业者来说是实现商业计划、推动企业发展的基础。创业资源可以帮助创业者实现其创业计划。例如,金融资本可以提供启动资金,人力资源可以提供专业知识和技能,技术资源可以提供产品或服务的核心竞争力。在同行竞争激烈的市场中,如果拥有独特的技术或专利,就能够在产品或服务上实现差异化,从而吸引更多的客户,占据更多的市场份额。充分利用创业资源可以提高企业的生存率和成功率。研究表明,在初创企业中,那些能够获得足够资源支持的企业更有可能生存下来,并取得商业上的成功。

二、创业资源的种类

对于任何一个企业来说,资源都是必不可少的,特别是对于创业企业而言,资源的作用就更加不可忽视。在创业过程中,企业所需要的资源是多方面的,包括人力、财力、物力等。创业活动不仅需要人力资源参与其中,也需要得到物质、技术、资金、政策等方面的支持。

实际上,对创业项目和创业企业的发展有所助益的要素是很多的,其中有些是创业者已经看到的,但还有更多的是创业者没有看到的,至少是没有完全看到的。因此,从创业资源的"认知度"角度来说,可以把创业资源分为现实资源、潜力资源和潜在资源。现实资源就是指那些创业者已经完全认识到其作用的创业资源,如机器设备、原材料、厂房、资金等等。潜力资源是指那些已经被创业者所关注,但创业者可能还没有完全认识其作用,认识程度不深的创业资源,比如人员(无论内部还是外部)就是一种典型的潜力资源。一个平时不太被关注的人可能最终为创业做出重大贡献。而潜在资源则是指那些创业者可以利用但却还没有发现的创业资源,从某种意义上说,这种资源所占的比例可能是最大的,但其作用的不确定性往往也是最大的。

根据创业资源的获得方式,可以将创业资源分为直接资源、间接资源。直接资源包括资金、管理、人才、技术等;间接资源包括政策、科技、信息、关系等。

(一)直接资源

1.资金资源

创业资金是指创业者进行创业时所需要的全部资本投入,包括用于项目研发、团队运作、创业场地、创业运营等的费用以及数量不等的流动资本。

创业资金的来源主要有:一是自筹资金,包括自己的储蓄或者向亲属朋友借贷所得资金;二是社会筹资,通过提供高价值的固定抵押物,向银行等金融机构贷款,或者通过熟人或网络向非正式金融机构借贷,后者比前者利率高,风险更大;三是项目融资,即以创业项目本身的社会评估价值,申请获得"天使投资"(创业投资机构的免息投资)或创业团队成员的集体融资。

2.管理资源

创业的管理资源是一种能把潜在生产力转化为现实生产力的无形资源。在人类生产活动中,实际存在着物质、人力、财力和管理四种资源。管理资源具有无形和潜在的特点。它之所以成为一种资源,是因为经济组织在不增加前三种有形资源的情况下,通过加强管理,可以合理配置和有效利用现有人、财、物,增加产量、产值和利润,取得较好的经济效益。当然,管理作为一种无形资源,只有当其与人力资源和物质资源结合起来时,才会发生作用。

3.人才资源

人才资源作为一种创业要素,是创业成功的关键资源。

创业人才是指具有创新精神和创新能力,能够创造性地综合运用所学到的各种知识,积极投入创业实践中,并在此过程中不断开拓、探索,用自己的创造性劳动,为社会发展和人类进步做出贡献的人。创业人才的提出是以市场经济和知识经济为时代背景的。

创业人才是一种综合型人才,既要具备专业知识,又要具备人文素养和经营管理知识。唯其如此,才能在充满挑战与希望的征途中闯出一片天地。创业人才知识素质的要求从面上讲要广、博,因为学过的东西,将在什么时候、以什么形式发挥作用是难以预料的;从点上讲要精、深,只有对某一知识领域有精深的了解,才有可能在该领域的某个角落找到突破口;从结构上讲要科学合理。现代社会文化知识的总量、信息的总量不断增加,使得教育对象很难成为"百科全书式"的人才,事实上这种人才在学校阶段是不可能培养出来的。如果所掌握的知识的内在结构不合理、不科学,缺少交叉、组合、迁移的活性,就很难发挥综合效果,很难找到创业的切入点。

创业人才能力素质的要求主要是专业能力、管理能力和综合创新能力三个方面。专业能力是人们从事某一行业所必须具备的本领,是谋发展、求生存的手段,其强弱影响着社会实践活动的效率和成败。管理能力是科学运筹和优化配置人、财、物的能力,在较高层次上决定着社会实践活动的效率和成败。综合创新能力是各种能力的有机整合,它并不是各种能力要素的简单堆砌,其强弱集中地体现创业人才能力素质的高低,并在最高层次上决定着社会实践活动的效率和成败。

对创业人才心理素质的要求主要是敢为、外向、坚韧、合作等。对创业人才的道德素质的要求主要是奋发进取、自强不息,拥有使命感和责任感。

4.技术资源

创业技术资源一般来源于创业团队成员,也可采用采购引进的方式。一个成功的创业项目所需要的技术往往是多种技术的集成,因此单一技术可能会是核心技术,但一定不是新创企业运营所必需的技术的全部。

(二)间接资源

1.政策资源

政策资源是创业成功的基础。

就创业而言,政策资源是指创业者新创企业时制定战略的依据和获取政府支持的相关政策、法律法规等。

进入21世纪之后,我国政府大力支持青年尤其是大学生创新创业。国家先后出台了一系列创业扶持政策,对大学生从创业项目孵化到新创企业成长、成熟,一路予以支持。政府推动落实这些政策,为大学生创新创业"铺路搭桥"、搭建平台、理顺环境、整合资源……

2.科技资源

科技资源是从事科技活动的人力、物力、财力以及组织、管理、信息等软硬件要素的总称,或是其中某些要素的集合。

科技资源包括但不限于以下几个方面:

(1)硬件设备

创业公司通常需要购买或租赁各种硬件设备,如计算机、服务器、网络设备、传感器等,以支持其业务运营和产品开发。

(2)软件工具

创业公司需要使用各种软件工具来支持其业务运营和产品开发,如办公软件、设计工具、编程工具、数据库管理工具等。

(3)云计算服务

云计算服务提供商可以提供创业公司所需的计算、存储和网络资源,帮助其快速搭建和扩展基础设施。

(4)开发平台和框架

创业公司可以利用各种开发平台和框架来加速产品开发和测试,如移动应用开发平台、Web开发框架、人工智能开发工具等。

(5)数据分析工具

创业公司可以使用各种数据分析工具来处理和分析大量的业务数据，以获取有价值的洞察和决策支持。

(6)科技专业人才资源

科技创业公司需要招聘和培养具备相关技术和专业知识的人才，以支持其产品开发和业务运营。

(7)创业孵化器和加速器

创业孵化器和加速器提供创业公司所需的办公空间、导师指导、投资资源等支持，帮助创业公司快速成长。

以上仅为一些常见的科技资源，具体的科技资源需根据创业公司的业务需求和发展阶段进行选择和配置。

3.信息资源

广义的信息资源是指人类社会信息活动中积累起来的以信息为核心的各类信息活动要素，是信息技术、信息设备、信息设施、信息生产者等的集合。狭义的信息资源，指的是信息本身或信息内容，即经过加工处理后对决策有用的数据。开发利用信息资源的目的就是充分发挥信息的效用，实现信息的价值。

控制论的创始人维纳认为，信息就是信息，不是物质也不是能量。也就是说，信息与物质、能量是有区别的。同时，信息与物质、能量之间也存在着密切的关系。物质、能量、信息是构成现实世界的三大要素。只要事物之间存在相互联系和相互作用，就有信息发生。人类社会的一切活动都离不开信息，信息早就存在于客观世界，只不过人们首先认识了物质，然后认识了能量，最后才认识了信息。

创业的信息资源是指创业者可以利用的各种信息渠道和工具，以获取有关市场、行业、竞争对手、消费者需求等方面的信息。以下是一些常见的创业信息资源。

(1)行业报告和研究

通过购买或获取行业报告和研究，创业者可以了解行业的发展趋势、市场规模、竞争格局等信息。

(2)政府和行业协会

政府和行业协会通常会发布有关行业政策、法规、标准等方面的信息，创业者可以通过关注官方网站、参加行业会议等方式获取这些信息。

（3）媒体和新闻

创业者可以通过阅读报纸、杂志、新闻网站等，了解行业动态、成功案例、创业趋势等信息。

（4）社交媒体和网络论坛

创业者可以通过社交媒体平台如 LinkedIn、Twitter（现改名为"X"）、Facebook 等，以及行业相关的网络论坛，与其他创业者、专家、投资者等交流和分享经验。

（5）创业导师和顾问

寻找有经验的创业导师或顾问，可以获得他们的指导和建议，帮助创业者更好地了解市场、制定战略等。

（6）创业竞赛和活动

参加创业竞赛和活动，可以接触到更多的创业者和投资者，获取有关创业经验、市场洞察力等方面的信息。

（7）创业网络平台和应用

现在有许多专门为创业者提供信息和资源的网络平台和应用，如创业社区、创业导航、创业工具等，创业者可以通过这些平台获取有关创业的各种信息和资源。

总之，创业者可以据自己的需求和情况，选择适合自己的信息资源，以帮助自身更好地进行创业。

4.关系资源

创业关系资源是指创业者在创业过程中所拥有的人际关系和社会资源。这些资源可以帮助创业者获取资金、市场信息、合作伙伴、顾问等支持，提供创业所需的各种帮助和支持。

关系资源包括以下几个方面。

（1）人脉关系

人脉关系指创业者所拥有的人际关系网络，包括朋友、家人、同学、老师、前同事等。这些人脉关系可以提供创业所需的各种资源和支持，如资金、技术、市场信息等。

在人脉关系中，尤其要重视所在行业的人际关系网络，包括行业内的专家、领导、同行等，他们可以提供行业内的专业知识、市场信息、合作机会等支持。

（2）投资人关系

投资人关系指创业者与投资人（包括天使投资人、风险投资人、私募股权投资人等）的关系。这些关系可以帮助创业者获得资金支持，提供创业所需的投资和融资渠道。

（3）合作伙伴关系

合作伙伴关系指创业者与其他企业或组织如供应商、分销商等合作伙伴的关系。这些关系可以提供产品、技术、市场渠道等支持，帮助创业者实现产品开发和市场推广。

（4）顾问关系

顾问关系指创业者与专业顾问如法律顾问、财务顾问、市场顾问等的关系。这些关系可以提供专业知识和经验，帮助创业者解决创业过程中的各种问题和挑战。

创业者通过充分利用和发展这些关系资源，可以获得更多的支持和帮助，提高创业的成功率。因此，创业者应该注重建立和维护自己的关系网络，积极寻找和利用各种关系资源。

☞ 案例分享

创业资源发现案例

创业资源发现案例

案例思考：分析一下，是哪些创业资源帮助一群中国大学生和一群美国大学生成就了各自的创业？

_____

_____

_____

_____

_____

_____

推荐阅读

《创业资源》

创业过程中需要不同资源,这要求创业者具有筹集、整合和使用资源的能力。本书以创业资源的内容为主线,对政策资源、人力资源、人脉资源、财务资源、技术资源、客户资源及其他创业资源的内涵、获取、管理和风险等进行了系统论述。

阅读笔记:

《创业资源》

作者:王艳茹

出版社:清华大学出版社

出版时间:2014 年 5 月

微课视频
创业资源的管理

第二节　创业资源的管理

一、创业资源的开发

为便于开发利用创业资源，我们从"归属权"的角度把创业资源划分为内部资源和外部资源。内部资源是指创业企业或者创业团队自己所拥有的、能够自由配置和使用的各种资源，如企业的员工、土地、厂房、机器设备、材料、资金、技术等等。外部资源则是指创业团队或者创业企业并不具有"归属权"，但通过某些利益共同点而可以在一定程度上配置和利用的各种资源。常见的外部资源如原材料供应商、技术供给者、销售商、广告商以及相关政府部门等等。在有些情况下，创业企业为了减少交易或者沟通的成本，可以考虑把某些外部资源转化为内部资源。

（一）整合利用内部创业资源的原则

与外部创业资源相比，内部创业资源具有很强的明确性，因此内部资源整合的最根本目标就是有效地配置和使用这些资源，而不是像外部资源整合那样需要不断地发掘各种新的资源主体。因此我们可以把内部创业资源整合形象地比喻为"内部挖潜"。鉴于内部创业资源的特点，在内部资源整合的过程中应当注意如下一些基本原则。

1.公平原则

对于具有相对独立的利益主体特征的资源，在整合的过程中要体现不同资源主体之间的公平原则。由于创业企业员工之间平时都有沟通，不公平的现象很容易被揭露，给团队凝聚力带来负面的影响，所以在企业内部，公平原则十分重要。

2.当前利益与长远利益相结合的原则

创业资源整合的根本目的是实现创业企业利益的最大化，但这个利益还有当前和长远之分。因此，在内部创业资源整合的时候就要充分协调好当前利益与长远利益之间的冲突。任何基于当前利益而对创业资源的过度开发，都会给企业的长远发展带来隐患。

3.缓冲原则

遇到困难和挫折是创业企业常有的事情,而要应对这些困难和挫折,可能更多的是依靠创业企业的自有资源,因为任何一个外部利益主体都不会愿意冒太大的风险去帮助一个新创建的企业。因此,在对内部资源整合的过程中一定要留有余地,以满足不时之需。比如在资金方面,适当的储备资金是十分必要的,因为创业企业在处于困境时,二次融资是非常困难的。

（二）开发利用外部创业资源的原则

合理有效地开发利用外部创业资源,必须遵守以下原则。

1.渐进原则

对于任何一个创业企业或者创业团队来说,有利的创业资源都是难以完全发掘、配置和利用的。因此,必须遵循渐进的原则,根据对资源的需求程度以及资源开发和利用的成本、收益和不确定性三者的综合考虑,逐步寻找和利用各种创业资源。也就是说,对于每一种创业资源,都应当选择一个适当的整合时机,以降低资源的维护成本。

2.双赢原则

基本上,我们所发掘和应用的每一种创业资源也都是一个相对独立的利益体,因此在开发和使用这些资源的时候,就不能仅仅从创业企业自身的利益出发,而必须坚持双赢的原则。尤其是需要长期使用的创业资源,更要重视对方的应得利益。

3.量力而行原则

不仅对于不同的资源需要渐进开发和使用,即使对于同一种创业资源,也存在着逐步开发的问题。尤其是对于初创团队和初创企业来说,资源开发的能力和经验都相对较弱,因此就更需要采取量力而行的原则,按部就班地对某一种创业资源进行开发和使用。

二、创业资源的整合

所谓创业资源整合,就是指寻找并有效利用各种创业资源的过程,并且这一过程应当具备两个基本特点:尽量多地发现有利的创业资源;以效率最高的方式来配置、开发和使用这些创业资源。我们可以从内部资源和外部资源两方面入手整合创业资源。

（一）内部创业资源整合

内部创业资源基本上可以概括为人、财、物和技术四个主要的方面（详见表 8-1），除了人以外，其他资源的作用都相对明确，只要配置合理就能发挥很好的作用。即使人的作用，也比企业外部人的作用更加明确一些。

表 8-1　创业企业内部资源清单

资源名称	对该资源的认知
创业者	素质与能力、社会关系网络、需求特征
创业企业员工	素质与能力、社会关系网络、需求特征
创业企业的固定资产	寿命周期、使用成本、有效配置
创业企业的流动资产	使用成本、有效配置
创业企业的资金	使用成本、有效配置
创业企业的技术资产	后继研发、拓展应用

创业内部资源整合是指将企业内部的各种资源进行有效整合和利用，以实现创业目标和增加企业竞争力。以下是一些常见的内部资源整合方式。

1.人力资源整合

人力资源整合就是将企业内部的人力资源进行合理配置和组织，发挥每个员工的专长和潜力，形成高效的团队协作。可以通过招聘、培训、激励等方式来吸引和留住优秀的人才。

2.财务资源整合

财务资源整合就是合理规划和管理企业的财务资源，包括资金、资产和负债等。可以通过财务分析、预算控制、风险管理等手段来优化资源配置，提高资金利用效率。

3.技术资源整合

技术资源整合就是将企业内部的技术资源进行整合和创新，提高产品或服务的竞争力。可以通过研发、技术合作、知识产权保护等方式来推动技术创新和应用。

4.知识资源整合

知识资源整合就是将企业内部的知识和经验进行整合和共享，形成知识管理体系。可以通过培训、文档管理、团队协作等方式来促进知识的传递和创新。

5.品牌资源整合

品牌资源整合就是将企业内部的品牌资源进行整合和提升,增强品牌的知名度和影响力。可以通过市场推广、品牌建设、客户关系管理等方式来打造和维护企业的品牌形象。

6.渠道资源整合

渠道资源整合就是整合企业内部的销售渠道和合作伙伴,拓展市场份额和渠道网络。可以通过渠道管理、建立合作伙伴关系等方式来实现资源整合和共享。

7.制度资源整合

制度资源整合就是建立和完善企业内部的制度和流程,提高组织效率和管理水平。可以通过健全规章制度、优化流程、信息化建设等方式来实现资源整合和管理。

总之,内部创业资源整合是一个综合性的工作,需要全面考虑和协调企业内部各种资源的利用和配置,以实现创业目标,提升企业竞争力。

（二）外部创业资源整合

外部创业资源指的是创业者在创业过程中可以利用的来自外部环境的各种资源,包括但不限于资金、人力资源、技术支持、市场渠道、合作伙伴等。这些外部资源可以帮助创业者解决创业过程中的各种问题,为其提供支持和帮助,促进创业项目的发展和成功。创业者可以通过积极寻找、整合和利用外部资源,提高创业项目的竞争力和可持续发展能力。

1.资金资源

创业过程中需要资金来支持企业的运营和发展,可以通过向投资者众筹、银行贷款等方式获得资金。

2.人力资源

创业企业需要一批专业、有经验的专家、专业人士的支持,可以通过外聘的方式寻找外部人力资源,如聘请外部专业的咨询公司、法务人员等。

3.知识资源

创业企业可以通过与专业机构、行业专家、顾问等合作来获取专业知识和经验。

4.物质资源

物质资源包括办公场所、设备、原材料、产品供应链等,这些资源可以通过租赁、购买或与供应商合作等方式获得。

5.市场资源

创业者需要了解目标市场的需求和竞争情况,可以通过市场调研、合作伙伴、渠道分销等方式获取市场资源。

6.政府资源

政府提供了一系列的创业支持政策和资源,包括创业培训、创业补贴、税收减免等,创业者可以通过申请和合作来获取政府资源。

总之,创业者需要灵活运用这些外部资源,整合利用,以支持企业的发展和实现创业目标。

✎ 同步训练

资源整合:创业
之商业思维

资源整合:创业之商业思维

为什么有的人赚钱看似丝毫不费力,而有的人千辛万苦却赚不到钱?做生意其实有一条通行的法则:充分利用一切资源,赚钱等于资源+经营。先有资源的聚集,才有经营的成功。关注案例中的资源整合方法,相信你可能会有种看到别人"空手套白狼"秘密的感觉。

训练笔记:_____

_____

_____

_____

_____

📖 推荐阅读

《资源整合:超越外包新模式》

本书提出了一种新的运营模式:资源整合。在资源整合模式下,企业可以使外部和内部提供的服务实现无缝对接,同时能够对这些服务进行严密的控制,并不断地对其有效性与效率进行评估。资源整合不是对外包的简单改进,而是一种创新,它使得企业不再局限于简单地削减经营成本,而是致力于增强自身的经营能力、全球性扩张能力、应变能力、赢利能力和竞争力。企业成功的关键在于制定与公司的整体经营战略保持高度一致的资源利用战略,并一直能够有效地控制公司的全局。外包已经成为成功的商业运营不可或缺的一个组成部分。事实上,由于外包业务操作简便,很多管理者就不假思索地推行外包。他们未经细致地评估、比较或充分考虑外包对公司未来发展的影响,就将从财务到研发的所有业务实行了外包,但往往无法达到预期效果。

资源整合

超越外包新模式

MULTISOURCING
Moving Beyond Outsourcing to Achieve
Growth and Agility

[美]琳达·科恩 阿莉·扬 著

虞海侠 译

商务印书馆
THE COMMERCIAL PRESS

《资源整合:超越外包新模式》

作者:[美]琳达·科恩,阿莉·扬

译者:虞海侠

出版社:商务印书馆

出版时间:2007 年 9 月

阅读笔记:

微课视频
创业融资

第三节　创业融资

创业箴言

不要轻易将主动权交给投资人，在创业的过程中没有人会乐善好施。

一、创业融资的概念和特点

（一）创业融资的概念

创业融资是指创业企业根据自身发展的要求，结合生产经营、资金需求等现状，通过科学的分析和决策，借助企业内部或外部的资金来源渠道和方式，筹集生产经营和发展所需资金的行为和过程。创业融资的主要资金来源一般包括自筹资金、亲友投资、天使投资、股权融资、众筹融资、金融机构贷款、政府创业扶持基金、创业板上市融资、信用担保以及其他。

（二）大学生创业融资的特点

一般来说，大学生创业融资主要是指在大学生创业过程当中，通过相关的方法、渠道获得创业资金的过程。相比较其他商业融资而言，大学生创业融资呈现出其自身独有的一些特点。

1.创业融资大多采用自有启动资金

大学生具备一定的知识和头脑，但由于缺少信用记录，所以在创业过程当中，主要依靠自有启动资金。大学生创业能否成功，在一定层面上取决于其前期的自有资金准备。

2.创业融资的目的呈现出阶段性

大学生在创业过程中，在创业前、创业中以及创业后等不同阶段，其创业融资的目的不同。例如，在创业前期，主要是为了开启创业项目；在创业中期，主要目的是扩大规模；在创业后期，主要是为了更好地完善自身的市场运营体系等。

3.创业融资时处于弱势地位

由于自身以及外部环境等诸多层面的原因，整个市场对于大学生创业融资的支持力度并不是很大。这就在一定层面上影响了大学生创业融资的进度与效果，也导致大学生在创业过程中处于不利的地位。

在当前鼓励大学生创业的大环境下，如何更好地开展大学生创业融资工作，为大学生提供更好的创业条件，已经成为社会各界需要思考的一个主要问题。

二、创业融资的渠道和策略

（一）创业融资的渠道

创业融资的主要资金渠道一般包括自筹资金、亲友投资、天使投资、股权融资、众筹融资、创业贷款、政府创业扶持基金、创业板上市融资以及其他。

1.自筹资金

自筹资金是创业者最初想到的筹集资金方法。这种方法最大的优点是不涉及任何额外的费用和利息。创业者可以通过出售闲置物品，节省生活开支，甚至割舍高昂的娱乐活动来为自己的事业积攒资金。

2.亲友投资

亲友投资是创业者常用的筹集资金的方式之一。与其他筹集资金的方式相比，亲友投资最大的优点是手续简单，不需要过多的资金申请和审批过程。同时，相对于银行等专业投资机构，亲友投资对于创业者而言更易于建立一种信任和共同发展的合作关系。

但是，亲友投资也存在一定的风险。如果因为资金问题而陷入纠纷，亲友关系可能出现破裂。因此，创业者在与亲友进行投资协商时，应当明确事业的风险与收益，并签订合同条款，规范双方的权益和风险。

3.天使投资

天使投资是指由个人、俱乐部或专业机构向初创企业提供资金支持。与银行贷款不同，天使投资更注重于对企业未来的投资价值和商业模式发展潜力的预测。相比其他筹资方式，天使投资拥有资金量大、投资方众多的优势，并且可提供一系列其他支持，如技术支持、营销和市场支持等。但这种方式也具有后期估值方面的风险,并需要初创企业披露更为详细的商业计划和预期利润。

4.股权融资

股权融资也是企业融资的一种渠道。股权融资等同于创业时向投资方出售股份并吸收资金。这种方式要求企业拥有让投资者分享投资价值的商业模式和确定的市场机会。

股权融资的投资者明确知道自己需承担风险仍选择投资,因为一旦企业的价值和市场前景被证明具有可持续性,他们可以直接获得企业的收益。

5.众筹融资

众筹是一种新型的资金筹集方式,即通过互联网平台发布信息,吸引大量投资者购买自家尚未上市的产品,众筹所得的资金相当于未来销售的押金。

众筹的筹资数额一般不会太大,适用于小微企业。对于创业者而言,众筹可以提供融资和市场预测的诸多便利,并且不同于传统方法的投资,众筹有可能成为迅速切入市场、引爆用户数量、塑造品牌口碑等方面的助推利器。

因此,在选择众筹作为筹集资金的渠道时,创业者需要精心准备创业计划书,全面考虑行业和市场的变化,以便更好地吸引投资者,并助力企业增值。

6.创业贷款

创业贷款是指区别于现行消费贷款,用来满足个人创业需要而发放的小额度信用贷款。从贷款金额来说,属于小额贷款;从贷款性质来说,属于信用贷款,不需抵押担保;从贷款对象来说,是个人,而不是现有企业;从贷款用途来说,属于创业贷款(区别于消费贷款);从贷款名称来说,属于小额信贷的别称;从贷款成本来说,其成本最低。

需要说明的是,新企业一般难以从商业银行获得大额资金,但如果能有第三方提供有效担保,就较容易获得信贷资金。中小企业信用担保体系是指中小企业在向银行融资过程中,根据合同约定,由依法设立的担保机构以保证的方式为债务人提供担保,在债务人不能依约履行债务时,由担保机构承担合同约定的偿还责任,从而保障银行债权实现的一种金融支持制度。中小企业信用担保体系主要是为了解决达不到银行信贷条件的中小企业的资金需求,尤其适合大学生初创企业贷款时使用。

7.政府创业扶持基金

新企业在国民经济发展中具有重要地位,但是与现有企业相比,其竞争力不足。各国政府通常采用多种方法支持新企业发展。为了支持中小企业发展,我国财政部、科技部、商业部等相关部门及各级地方政府部门、企业、高校等推出了多种扶持新企业的基金项目。这些基金通过拨款资助、贷款贴息、资本金投入等方式扶持中小企业,成为中小企业创业的重要启动力量。

8.创业板上市融资

创业板市场着眼于创业企业,是指主板市场之外为满足中小企业、新兴行业与新企业融资需求和创业投资退出需求的证券交易市场,如美国的纳斯达克市场、英国的 AIM(Alternative Investment Market)等。我国也有相应的创业板市场。创业板市场主要以具有自主创新能力的中小高新技术企业为服务对象,强调企业的发展前景和成长空间,不过分强调企业规模和以往业绩,具有上市门槛相对较低、信息披露监管严格等特点。这为创业时期急需资金的新企业提供了融资的渠道,有利于促进新企业的发展。从世界范围看,创业板已成为各国高科技企业的主要融资场所。

9.其他融资方式

除了以上资金来源外,新企业还可以通过其他融资方式获得资金,如供应商的融资、客户提前付款、融资租赁等。

(二)创业融资的策略

创业融资策略是指创业者为了筹集资金支持自己的创业项目而采取的一系列决策和方法。在制定创业融资策略时,创业者一般应根据创业项目的发展阶段及其相应的资金需求来对资金的数额、获取渠道、采用的方法等多方面做出决策。

对于大学生创业群体而言,需要分析创业融资的主要影响因素,然后再考虑创业融资策略。

1.大学生创业融资的主要影响因素

(1)创业项目本身的因素

在大学生创业融资的过程中,市场投资者会对大学生的创业项目进行充分的论证。例如,有的大学生的创业项目是在校园经营咖啡馆,投资者就会考虑大学生所在校园的人流量以及市场需求情况等等。有的大学生在进行创业融资的过程当中,其创业项目可行性和价值未经充分论证,影响到了创业筹资。总之,创业项目本身是否具有一定的价值,是影响大学生创业融资成果的一个主要因素。

(2)大学生自身的因素

大学生在创业的过程中,其自身的创业热情、创业能力以及创业的相关基础技能也极为重要。面对创业中的诸多环节以及相关的问题,大学生都需要不断提高自身的素养以及相关的能力。技能以及经验层面的不足也是制约大学生创业融资的一个主要问题。此外,大学生创业需要具备良好的心理素质,才能更好地应对在融资和创业过程当中所面临的诸多问题与挑战。一些大学生之所以在创业融资中遇到重重障碍,与其自身的能力不足有着一定的关系。

(3)社会层面的因素

大学生创业融资需要整个社会提供必要的支持。目前,围绕大学生创业融资的支持性环境建设以及创业融资扶持氛围的营造等还存在着一定的滞后性。这种社会层面的因素已经成为影响大学生创业融资发展的一个重要因素。我国政府相关部门正在联合企业、学校等为大学生创业融资提供良好的发展平台,但是,在具体的落实和实践中,相关的政策并没有发挥出其最大的作用。

总之,在大学生创业融资的过程当中,其创业项目本身、创业者自身的素质以及社会层面的相关因素等都会直接影响创业融资的效果。所以,如何从这些影响因素入手,进一步优化大学生创业融资的效果,显得尤为重要。

2.大学生创业融资优化策略

针对上述大学生创业融资的影响因素,我们尝试从以下几个方面提出今后的优化策略。

(1)提升创业项目的可行性

大学生在创业过程中,无论是从创业的初衷出发,还是从创业项目的发展前景出发,都应该反复论证项目的可行性。在项目的前期准备阶段,可以反复分析市场的需求,评估自身项目的价值,通过项目运营的综合模拟,来了解创业项目未来的市场发展前景。只有积极地在自身项目的可行性方面加大分析力度,做好充分的准备,才能更好地契合整体的创业融资需求,也为今后的融资工作奠定良好的基础。

需要强调的是，论证创业项目的可行性，不仅需要大学生自身在相关的行业发展方面进行充分的调研，还需要高校相关的创业指导部门围绕大学生创业项目的诸多因素进行必要的指导和支持，进一步提高项目的综合价值。

（2）提升大学生创业者的综合素养

大学生在创业的过程当中，无论是发起创业，还是参与创业，都应该积极提升自身的创业素养。大学生应围绕创业前所需要的理论知识、实践经验加强学习，以此来满足新时期市场对创业者的相关要求。通过提升自身创业能力和素养从而更好地适应新时期创业融资的需求，大学生在创业融资时才能够获得更大的助力与支持。

（3）优化大学生创业融资环境

在解决大学生创业融资问题时，国家、学校、企业还应该为大学生融资创业提供良好的支持环境。国家应该在现有扶持政策的基础上，进一步加大支持力度，尤其可结合大学生创业项目的特点，在扶持政策的个性化、针对性方面进行提升；相关企业应该前瞻性地看待大学生创业项目，在资金扶持以及产业合作方面形成良好的互动循环机制，以此来满足整个市场发展需求；高校应该从整体的大学生创业发展的角度出发，为大学生创业融资提供经验方面以及方法层面的指导，以满足大学生创业融资需求。

（4）促进创业融资的常态化发展

对于大学生而言，创业融资并不是一个一蹴而就的过程，为此，应不断完善创业融资平台，尤其在创业融资产品选择以及创业融资安全保障体制方面进行完善。相关部门尤其是市场监管部门一方面应该围绕大学生创业过程中可能面临的诸多融资风险，健全必要的风险预警机制；另一方面应该针对大学生创业融资中的障碍，提供制度体系的保障。通过这种方式来促进大学生创业融资保障体系的完善以及常态化发展。

总之，应围绕创业融资项目的可行性、创业者自身素质、社会因素以及相关的保障体系等，进一步完善大学生创业融资环境，更好地应对新时期大学生创业融资过程中可能面临的诸多挑战。

三、创业投资估算

创业投资估算是指对创业项目所需的资金进行预估和计算。以下是一些常见的创业投资估算要素。

1.初始投资

初始投资包括创业者自有资金、家人和朋友的投资、天使投资等。初始投资通常用于项目的启动和初期运营。

2.固定成本

固定成本包括租金，设备或厂房购置、装修费用等固定支出。这些成本通常是每月或每年固定发生的，不随销售量的增减而变化。

3.可变成本

可变成本包括原材料采购成本、生产成本、销售和市场推广费用等。这些成本随销售量的增减而变化。

4.运营资金

运营资金用于支付日常运营所需的费用，如员工工资、供应商付款、租金、水电费等。运营资金通常需要足够的储备，以应对项目初期的亏损和运营不稳定性。

5.税费

税费包括所得税、增值税、营业税等。创业者需要考虑税费对项目盈利的影响，并在投资估算中进行合理的预留。

6.风险准备金

风险准备金用于应对意外情况和不可预见的风险。创业项目存在许多不确定性，风险准备金可以提供一定的安全垫。

在进行创业资金估算时，创业者需要综合考虑以上要素，并结合市场调研和竞争分析，进行合理的资金估算。这有助于创业者制订合理的融资计划和经营预算，为项目顺利运营提供充足的资金支持。

👉 **案例分析**

百度的创业与融资

百度的创业与融资

案例思考：创业融资为什么不是越多越好？

_____

_____

_____

《创业融资管理》

在国家大力提倡"双创"的大背景下,在校大学生的创新意识和创业热情越来越强烈。大学生创新创业活动中,一些可行性较高的项目由于缺少资金而无法落地或者无法进一步开展,从而半途而废,甚为可惜。《创业融资管理》详细介绍了大学生创新创业适用的融资渠道,以及每一种融资渠道的具体操作方法。同时,为了尽可能地避免大学生在融资过程中上当受骗、掉入融资陷阱,《创业融资管理》还详细介绍了融资过程中可能存在的风险、骗局及其防范方法。

阅读笔记:

《创业融资管理》

作者:李爱华、曹灵芝、杜金玲

出版社:清华大学出版社

出版时间:2021年8月

本章小测　　　答案及解析

第九章　创业计划书与商业模式

学习目标

1.了解创业计划的研讨内容。

2.了解商业模式的设计步骤。

3.学习创业计划书的撰写格式。

4.掌握创业计划书的撰写内容。

5.了解创业计划书的评估标准。

本章思维导图（见图9-1）

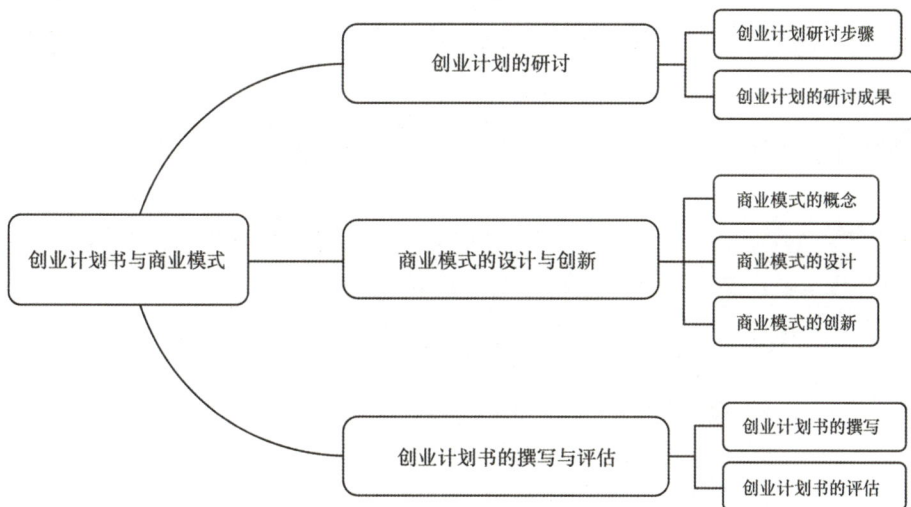

图 9-1　第九章思维导图

　　创业计划书是一份全方位的商业计划书，其主要用途是递交给投资商，以便于投资商对企业或项目做出评判，进而获得项目融资。创业计划书重点描述与拟创办企业相关的内外部环境条件，须结合市场营销、财务、生产、人力资源等职能计划综合写就。创业计划书对于创业者的重要性不言而喻，它是创业者叩响投资者大门的"敲门砖"，一份优秀的创业计划书往往会起到事半功倍的效果。

■ 课前阅读

三黄鸡创业项目可行性评估(摘要)

三黄鸡创业项目可行性评估(摘要)

　　当一个有亮点的创业点子产生之后，创业者就有必要对之进行可行性调研，取得必要的商业数据，并分析验证它是值得创业的。创业项目可行性研究是撰写创业计划书的基础。

　　阅读笔记：_____

_____

_____

_____

_____

♘ 创业箴言

　　凡事豫则立，不豫则废。言前定则不跲，事前定则不困，行前定则不疚，道前定则不穷。

微课视频
创业计划的研讨

第一节　创业计划的研讨

一、创业计划研讨步骤

　　创业计划书的制订过程，实际上也是创业团队深入研讨创业方案，包括构建战略规划、理顺创业项目上下游关系、做出资金管理决策、进行分析评估、把握核心技术等的研讨过程。创业计划书不是由创业团队中的某个人来制订的,而是整个创业团队智慧的结晶。在撰写企业计划书之前,先要对创业计划进行充分的研讨。以下是几个关键的研讨步骤。

1.明确目标

你先需要明确你的创业目标是什么。这可能包括财务目标(如收入、利润等)、市场目标(如市场份额、品牌知名度等)或员工发展目标(如技能提升、职业发展等)。

2.市场研究

了解你的目标市场,包括目标客户、客户需求、竞争态势和行业趋势。通过市场研究,你可以了解你的潜在客户及其需求,以及你的产品或服务如何满足这些需求。

3.制定商业模式

确定你的商业模式,包括你的产品或服务、价格策略、销售渠道和推广方式。你也需要考虑你的成本结构,包括原材料、劳动力和其他运营成本。

4.制订计划

制订一个详细的行动计划,包括如何实施你的创业想法,如何招募团队,如何获得初始资金,以及如何应对可能出现的挑战。这个计划应该具有灵活性,以便根据实际情况进行调整。

5.制定营销策略

一个成功的创业计划需要一个有效的营销策略,包括如何吸引潜在客户,如何建立品牌知名度,如何进行推广和促销活动。

6.考虑风险

在创业计划中,你需要考虑可能出现的风险和挑战,并制定应对策略。这可能包括市场竞争、技术问题、财务困难、人员流失等。

7.获得反馈

在创业计划研讨的过程中,寻求他人的反馈是非常重要的。你可以寻求行业专家、投资者或潜在客户的反馈,了解他们的观点和建议。

8.更新和调整

创业计划应该是一个持续的过程,需要定期更新和调整以适应市场变化和业务需求。

最后请记住,创业计划不仅仅用于介绍你的产品或服务,它是你对整个商业过程的思考和规划。它应该包括所有必要的元素,以便你成功地启动和运营你的企业。

二、创业计划的研讨成果

创业计划的研讨成果可能包括以下方面。

1.确定了创业目标和市场定位

通过研讨,团队明确了创业项目的目标市场和目标客户,并对其需求和痛点进行了深入分析。

2.制定了可行的商业模式

团队通过研讨,确定了创业项目的商业模式,包括收入来源、成本结构、竞争优势和市场份额等关键要素。

3.确定了关键资源

创业计划帮助团队分析了为实现创业目标所需的关键资源,包括资金、技术、人才、供应链等,并确定了团队所需要具备的关键资源。

4.制订了产品或服务开发计划

团队根据市场需求和商业计划,确定了需要开发的产品或服务,并制订了相应的开发计划,包括时间表、预算和关键里程碑。

5.形成了良好的团队默契

在创业计划研讨的过程中,团队成员需要相互协作、沟通和交流,这有助于形成良好的团队默契和合作关系。

6.识别了风险和挑战

创业计划研讨过程中,团队需要识别潜在的风险和挑战,并制定相应的应对策略和预案,以降低风险,提升成功率。

7.明确了投资需求

创业计划需要获得外部投资以支持其实现创业目标,因此研讨结果可能包括所需的投资金额、投资期限、投资方式等具体信息。

总之,创业计划的研讨成果将为团队提供清晰的指导,帮助团队制订可行的商业计划,实现创业目标。

✳ 学习思考

把计划坚持到最后就是一种成功

制订计划要比计划本身更重要。一个人在社会上生存，没有一个详细的规划是做不成事情的。计划是成功路上的一部分。世上没有一蹴而就的成功，所有的成功都有详细的计划在支撑。如果失去了这些，成功也将无处可寻。大学生创业尤其如此。

学习感悟：_____

_____

_____

_____

_____

_____

_____

📖 推荐阅读

《创业计划书：从创意到方案》

本书提供了创业计划书写作每一步的指导意见，能够引导读者深入思考创建企业过程中所遇到的一些重要问题，这可能是本书引人注目的突出优势。作者以一份完整的创业计划书贯穿全书，将撰写创业计划书所需要考虑的问题一一呈现，可以为希望创建企业的读者提供借鉴，也为他们撰写创业计划书提供了模板。

《创业计划书：从创意到方案》

作者：[美]布鲁斯 R.巴林杰

译者：陈忠卫 等

出版社：机械工业出版社

出版时间：2016 年 3 月

阅读笔记：

_____

_____

_____

_____

_____

_____

_____

_____

_____

_____

_____

_____

_____

_____

_____

_____

_____

_____

微课视频
商业模式的
设计与创新

第二节　商业模式的设计与创新

创业箴言

　　商业模式就是一套和别人不同的做生意的方法，独特的商业模式才是企业最重要的核心竞争力。

一、商业模式的概念

商业模式是指为实现各方价值最大化，把能使企业运行的内外各要素整合起来，形成一个完整的、高效率的、具有独特核心竞争力的运行系统，并通过商品或服务的实现形式来满足客户需求、实现各方（包括客户、员工、合作伙伴、股东等利益相关者）价值，同时使系统达成持续赢利目标的整体解决方案。商业模式是创业计划书的核心，在创业计划书中，一个好的商业模式应该有明确的盈利机制和可持续的发展空间。

从企业战略视角来看，商业模式被视为企业战略的核心反映，并被看作改善企业价值链的战略管理工具或战略管理的中介机制，通过改变市场竞争过程中的主要盈利条件来获取竞争优势。

商业模式定义了公司的客户、产品和服务。它还提供了有关公司如何组织以及如何创收和盈利的信息。商业模式与（公司）战略一起，主导了公司的主要决策。商业模式还描述了公司的产品、服务、客户市场以及业务流程。

大多数的商业模式都依赖于技术。互联网上的创业者们发明了许多全新的商业模式，这些商业模式完全依赖于现有的和新兴的技术。利用技术，企业可以以最小的代价，接触到更多的消费者。

二、商业模式的设计

商业模式主要涉及三个方面：项目的总体策划包装、商业模式的设计、商业模式的持续运营。这三个部分可以分解为以下八个步骤，它们统一构成了商业模式。

第一步：项目整体设定

项目的愿景、使命是什么？解决了用户什么痛点？站得高才能看得远。如果着眼点只是拉来几个人卖点产品，永远也不可能做大。从项目的根本入手，通过策划和包装，打造非常有吸引力的整体项目策划，而不仅仅是卖一个产品。

这一步包含了项目的整体定位，一整套价值体系的梳理。要让投资者看着就想加入，有绝对的可信度。

第二步：设定共享和退出机制

共享和退出机制，核心由两部分构成：一是怎么获取收益；二是投资怎么退出。

先说收益是怎么获取的。是只要投资就有收益？还是投资后还需要做推广和销售才有收益？我们可以将前者称为"躺赚"，后者称为浮动收益（也可能亏损）。

再说退出机制。如果觉得这个模式不再有吸引力，要怎么退出来？一般来说，退出有一定的时间限制，并且退出是要收取一定的手续费和服务费的，就看投资者在哪个阶段退出。

第三步：商业推广

商业推广主要是互联网模式的推广，以社群和口碑为主，线下做引爆，也就是要将线上的流量最终转化为线下的销量。

第四步：行业背书

行业背书即塑造行业影响力。好项目开始并不一定有人知道或者相信，要想快速让人相信，就需要有信任背书。怎么找到呢？要找什么样的人或单位来背书？

可以找跟自己行业相关的人或单位，比如科技项目，就要找相关的科技单位来背书。另外，公益项目也是一个很好的突破口，做市场的同时，也可以实现社会效应，使经济效应和社会效应互相结合，相得益彰。

第五步：项目孵化

一个产品可以做成一个项目，但单个项目的抗风险能力还是很低的，所以一个项目做成后还可以拓展，做成项目孵化的平台，形成模式和平台之后，就可以进行复制。

第六步：融资上市、资源匹配

项目做成平台之后，需要融资，匹配资源和上市，这是大部分投资者的最终目标。

第七步：风险规避

此处的风险包括市场风险和政策风险。市场风险是收不抵支，政策风险是政策的调整。市场风险可以通过产品延伸和市场调整来完成，只要控制到位，一般不会有问题。

第八步：止盈止损

要进行投入产出平衡分析，如果觉得项目不可持续，退出也是一种方式，即项目停止或者打包延展到其他项目中，或者合并、重组。

三、商业模式的创新

（一）商业模式创新的意义

互联网的出现改变了原本的商业竞争环境和经济规则，标志着"数字经济"时代的来临。互联网使大量新的商业实践成为可能，一批基于互联网的新型企业应运而生。这一时代中新涌现的一些企业，如 Yahoo、Amazon 及 eBay 等，在短短几年时间里，就获得了巨大发展，并成功上市，许多人也随即成为百万甚至亿万富翁，产生了强大的示范效应。它们的赚钱方式，明显有别于传统企业，于是，商业模式一词开始流行，它被用于刻画描述这些企业是如何获取收益的。这些基于互联网的新型企业的出现，对许多传统企业也产生了深远的冲击与影响。如 Amazon 仅用短短几年时间就发展成为世界上最大的图书零售商，给传统书店带来严峻挑战。新型商业模式显示出强大的生命力与竞争力，美国政府因此于 1998 年后，甚至对一些商业模式创新授予专利，予以积极的鼓励与保护，鼓励人们在这个经济变革时代，从根本上重新思考企业赚钱的方式，思考自己企业的商业模式，商业模式创新开始受到重视。

到 2000 年前后，商业模式作为人们最初用来描述数字经济时代新商业现象的一个关键词，其应用已不仅仅局限于互联网产业领域，而是扩展到了其他产业领域。不仅企业家、技术人员、律师和风险投资家们等商业界人士经常使用它，学术界研究人员等非商业界人士也开始研究并应用它。随着 2001 年互联网泡沫的破裂，许多基于互联网的企业虽然可能有很好的技术，但由于缺乏良好的商业模式而破产倒闭，而另一些企业尽管其技术最初可能不是最好的，但由于好的商业模式，依然保持很好的发展。于是，商业模式的重要性得到了更充分的认识。人们认识到，在全球化浪潮冲击、技术变革加快及商业环境更加不确定的时代，决定企业成败最重要的因素，不是技术，而是它的商业模式。2003 年前后，创新并设计出好的商业模式，成了商业界关注的新焦点，商业模式创新被认为能带来战略性的竞争优势，是新时期企业应该具备的关键能力。在全球商业界，商业模式创新得到前所未有的重视。2006 年 IBM(国际商业机器公司)就创新问题对全球 765 家公司的调查表明,有近 1/3 者把商业模式创新放在最优先的地位,他们在过去 5 年中利润的增长比竞争对手更高。

(二)商业模式创新的特点

传统的创新有五种形态:开发出新产品,推出新的生产方法,开辟新市场,获得新原料来源,采用新的产业组织形态。相对于这些传统的创新类型,商业模式创新有几个明显的特点。

商业模式创新

(1)商业模式创新更注重从客户的角度,从根本上思考及设计企业的行为,视角更为外向和开放,更多注重和涉及企业经济方面的因素。商业模式创新的出发点,是如何从根本上为客户创造增加的价值。因此,其逻辑思考的起点是客户的需求,考虑如何有效满足客户需求,这点明显不同于许多技术创新。同一种技术可能有多种用途,技术创新的视角,常是从技术特性与功能出发,看它能用来干什么,去找它潜在的市场用途。而商业模式创新即使涉及技术,也多是和技术的经济方面的因素即技术所蕴含的经济价值及经济可行性有关,而不是纯粹的技术特性。

(2)商业模式创新不是单一因素的变化,需要企业组织的战略调整,是一种集成创新。商业模式创新往往伴随着产品、工艺或者组织的创新,但若仅有产品、工艺或者组织的创新,却不足以构成商业模式创新。如开发出新产品或者新的生产工艺,就是通常认为的技术创新。技术创新通常是对有形实物产品的生产来说的。但如今是服务为主导的时代,因此商业模式创新也常体现为服务创新,表现为服务内容、服务方式及组织形态等多方面的创新变化。

(3)从绩效表现看,商业模式创新如果提供全新的产品或服务,那么它可能开创了一个全新的可赢利产业领域,即便提供已有的产品或服务,也能给企业带来更持久的赢利能力与更大的竞争优势。传统的创新形态能带来企业内部局部效率的提高、成本的降低,但容易被其他企业在短时间内模仿。商业模式创新虽然也表现为企业效率的提高、成本的降低,但由于它更为系统和根本,涉及多个要素的同时变化,因此,竞争者更难模仿,常给企业带来战略性的竞争优势,而且优势常可以持续数年。

淘宝网的商业
模式分析

案例分析

淘宝网的商业模式分析

案例思考:淘宝网刚起步时采用 C2C(消费者对消费者)商业模式,让个人卖家免费经营,那淘宝网岂不是稳亏不赚?

_____

_____

_____

_____

_____

_____

推荐阅读

《免费:商业的未来》

这是一个商业模式不断被颠覆、被改写的时代。一种商业模式既可以统摄未来市场,也可以挤垮当前市场——在我们这个现代经济社会里,这并不是一件不可能的事情。"免费"就是这样的一种商业模式,它代表了互联网时代的商业未来。

"免费"商业模式是一种建立在电脑字节基础上的商业模式,而非过去建立在物理原子基础上的商业模式。在原子经济中,随着时间的推移,我们周围的物品都在逐渐升值。但是在字节经济的网络世界中,物品变得越来越便宜。在 20 世纪,"免费"是一种强有力的推销手段,而在 21 世纪,它已经成为一种创新的商业模式。

在"免费"商业模式下,很多传统企业的商业模式将彻底被颠覆。那么,传统企业将如何在"免费"的商业背景下构建一种新的商业模式?

《免费：商业的未来》

作者：[美]克里斯·安德森

译者：蒋旭峰、冯斌、璩静

出版社：中信出版社

出版时间：2015 年 10 月

阅读笔记：

微课视频
创业计划书的
撰写与评估

第三节　创业计划书的撰写与评估

一、创业计划书的撰写

（一）创业计划书的格式

　　撰写和展示创业计划书主要有两个目的：一是获得创业资源的支持；二是验证和改进创业项目和创业计划。这就要求创业计划书所述的项目真实、合法、可行，内容科学、可靠，行文简洁、明了、合乎逻辑，项目有创新、有发展前景，表达有创意、能引人入胜，这样的创业计划书才能获得更多的支持。优秀的创业计划书植根于好的创业项目，没有受欢迎的项目，再好的创业计划书也只能是一纸空文,很难获得受众认可。

下面介绍福建省教育厅针对 2023 年第九届"互联网＋"大学生创新创业大赛而给出创业计划书模板。创业者应按格式撰写,便于专家和投资者评审。

1.封面

封面内容:项目名称、企业或团队名称、联系人、联系电话、电子邮件、填报时间等。

2.封二

参赛类的创业计划书一般要求在第二页填写"大赛选拔赛报名表",简要介绍项目名称、项目 logo、团队名称、项目所在地、项目所属的商业领域、产品类型、是否与高校科研结果结合、股权结构(如果持有股权请勾选)、团队介绍(团队成员结构、团队优势等,100～800 字)、项目介绍(产品优势、目标用户等,100～800 字)、项目进展(处于创意阶段或已经注册公司运营)等内容。

3.目录

为便于投资者和专家审阅,创业计划书一般要求编辑自动目录。要生成 Word 文档自动目录,不同的版本有不同的编辑方法,大同小异。同学们可以上网搜索学习,在此不予赘述。

4.内容

内容是创业计划书的中心部分。如果说前三项是要诱发投资者的兴趣,引起关注,那么,内容这一项就是要挑起投资者的投资冲动,说服投资者支持创业者的项目。创业计划书的内容在下面详述。

（二）创业计划书的内容

1.项目简介

创业项目的简介一般就是创业方案的摘要,要求主题突出、言简意赅,能充分体现项目的创新特点,一般在 800 字左右就可以了。

2.市场分析

市场分析的内容一般包括市场定位、市场需求、市场容量、目标定位等项,需要有准确的市场调研数据来支持你的分析结论。穿插图表会更加直观。

3.营销分析

（1）目标市场

企业在划分好细分市场之后，可以选择其中的一个或多个细分市场作为目标市场。

（2）商业模式

商业模式分析企业与企业之间、企业各部门之间，乃至企业与顾客之间、企业与渠道之间，都存在着怎样的交易关系和连接方式。

（3）运营模式

运营模式是指对企业经营过程的计划、组织、实施和控制的模式，也是对投入、转换、产出过程进行管控的模式。

（4）盈利模式

盈利模式是指按照利益相关者划分的企业的收入结构、成本结构以及相应的目标利润。

4.推广模式

从形式上看，推广模式一般分线上、线下，但具体的创新推广模式则是形式多样的。

5.战略规划

战略规划的要求是目标明确，可执行性良好，人事落实到位，灵活性好。

6.供应商关系管理

在现代化的企业管理中，供应商关系管理已成为企业高效运转的必备工具。有效地管理供应商关系，可以帮助企业获得更好的采购价格，确保质量和交期，从而提高企业的效益和竞争力。因此，在团队中实现有效的供应商关系管理非常重要。

要与供应商紧密合作，就要建立供应商评估体系，加强沟通协调，共同提高沟通效率，完善供应商风险管理等。

7.资金链管理与投资预算

资金链管理是指创业者对企业资金进行有效管理和运用，以确保企业正常运营和发展的一系列措施。而投资预算是指创业者在创业过程中对资金需求进行合理估算和规划，以确定投资方向和金额的活动。

资金链管理和投资预算的步骤如下。

（1）确定资金需求

创业者需要明确自己的创业项目和发展规模，以及所需的资金额和时间节点。这可以通过编制详细的商业计划书和财务预测表来实现。

（2）寻找资金来源

创业者可以通过自有资金、借款、股权融资、风险投资等方式来筹集资金。在选择资金来源时，需要考虑利率、期限、还款方式等因素，并与企业的发展规划相匹配。

（3）控制成本

创业者需要合理控制企业的各项费用，包括人力资源、采购、生产、销售等方面的成本。通过精细化管理和谈判等方式，降低企业的运营成本，提高利润率。

（4）管理现金流

创业者需要密切关注企业的现金流动情况，确保企业有足够的流动资金来支付日常开支和应付债务。可以通过制定预算、加强财务管理、优化供应链等方式来管理现金流。

（5）监控和调整

创业者需要定期监控企业的财务状况和经营情况，及时发现问题并采取调整措施。可以通过制定关键绩效指标、定期财务报表分析等方式来进行监控和调整。

总之，创业者在进行资金链管理和投资预算时，需要全面考虑企业的发展需求和市场环境，合理规划和管理资金，以确保企业的可持续发展。

8.财务估算

财务估算是创业过程中非常重要的一步，它可以帮助创业者了解自己的财务状况，预测未来的盈利能力和资金需求。以下是创业财务估算的步骤。

（1）收集必要的信息

创业者应收集与创业项目相关的信息，包括市场调研数据、竞争对手的财务信息、预计销售额等。

（2）制定财务目标

创业者应根据创业项目的性质和目标，制定财务目标，例如盈利目标、市场份额目标等。

（3）预测销售额

创业者应根据市场调研数据和竞争对手的情况，预测创业项目的销售额。可以使用不同的方法，如市场规模法、竞争对手法等。

（4）估算成本

创业者应估算创业项目的各项成本，包括生产成本、人力资源成本、市场推广成本等。可以通过调研市场价格、咨询专业人士等方式进行估算。

（5）制定预算

创业者应根据预测的销售额和成本，制定创业项目的预算。预算应包括各项收入和支出，以及现金流量预测。

（6）分析盈利能力

创业者应根据预测的销售额和成本，计算创业项目的盈利能力，例如毛利率、净利润率等。

（7）风险评估

创业者应评估创业项目的风险，包括市场风险、竞争风险、资金风险等。可以通过设定不同的预测情景，进行风险分析。

（8）资金需求估算

创业者应根据预测的销售额和成本，估算创业项目的资金需求。可以通过制定资金流量表，计算项目的现金流量。

（9）编制财务报表

创业者应根据预测的销售额和成本，编制创业项目的财务报表，包括利润表、资产负债表、现金流量表等。

（10）定期更新和监控

创业财务估算是一个动态的过程，需要定期更新和监控。创业者应根据实际情况，及时调整预测和预算，以保持财务状况的准确性和可靠性。

9.风险分析

创业风险分析是评估创业项目可能面临的各种风险和不确定性的过程。以下是一些步骤，可以帮助你进行创业风险分析。

（1）确定潜在风险

创业者应先要列出可能会对你的创业项目产生负面影响的各种风险。这些风险可以包括市场竞争、技术变革、法律法规、供应链问题等等。

（2）评估风险概率

创业者应对每个潜在风险进行评估，确定其发生的概率。这可以通过市场调研、行业分析、专家咨询等方式来获取相关信息。

（3）评估风险影响

创业者应对每个潜在风险的发生可能对项目造成的影响进行评估，包括财务损失、声誉损害、市场份额下降等方面。

（4）制定风险应对策略

创业者应针对每个潜在风险，制定相应的风险应对策略，包括风险转移（如购买保险）、风险减轻（如建立多样化供应链）、风险避免（如选择不涉及法律风险的市场）等。

（5）监控和调整

创业风险分析是一个动态的过程，需要不断监控和调整。创业者应定期评估风险的概率和影响，并根据实际情况进行相应的调整。

总之，创业风险分析是一个复杂的过程，需要综合考虑各种因素。通过系统地评估和应对潜在风险，帮助创业者更好地规划和管理创业项目。

10.描述核心技术

创业的核心技术是指创业项目或企业所依赖的关键技术或知识，它是创业者在市场竞争中获得竞争优势的重要因素。创业者在描述核心技术时，可以考虑以下几个方面。

（1）技术的独特性

创业者需要说明所拥有的技术在市场上的独特性和创新性，即该技术在同类产品或服务中的差异化程度。这可以包括专利技术、独特的算法、自主研发的软件或硬件等。

（2）技术的应用价值

创业者需要清楚地描述核心技术在解决市场需求或问题上的应用价值。这可以包括技术能够提供的功能、效率提升、成本降低、用户体验改善等方面的优势。

（3）技术的可行性和可靠性

创业者需要提供有关核心技术的可行性和可靠性的证据，例如技术的实验结果、原型演示、用户反馈等。这可以增加投资者和合作伙伴对技术的信心。

（4）技术的发展潜力

创业者需要说明核心技术的发展潜力和未来的创新方向。这可以包括技术的扩展性、升级改进的可能性、与其他相关技术的结合等。

（5）技术的竞争优势

创业者需要分析和说明核心技术相对于竞争对手的优势，例如技术的专业性、团队的专业知识和经验、技术的成本效益等。

总之,创业者在描述核心技术时应该清晰地传达技术的独特性、应用价值、可行性和可靠性、发展潜力以及竞争优势,以吸引投资者、合作伙伴和用户的关注和支持。

11.附件

附件通常包括专利证书,查新报告,项目负责人和核心成员学历证书、荣誉证书等能够证明项目创新性的材料。

二、创业计划书的评估

创业计划书是创业者向投资者、合作伙伴或政府机构展示创业项目的重要文件。一个优秀的创业计划书不仅需要包含清晰详细的创业思路,还需要符合一定的评估标准。以下介绍创业计划书的评估标准,以帮助创业者提升创业计划书的质量和创业成功的概率。

(一)商业模式评估

商业模式是创业计划书的核心。一个好的商业模式应该有明确的盈利机制和可持续发展的空间。评估商业模式的标准包括可行性、市场需求、竞争优势、收入来源和成本控制等。

1.可行性

商业模式应该基于可行的市场研究和分析,并有充分的数据支持来证明该项目的可行性。

2.市场需求

创业者需要充分了解目标市场的需求,并能够提供解决方案或产品来满足市场需求。

3.竞争优势

商业模式应该能够证明自己在竞争激烈的市场中有一定的竞争优势,例如独特的产品或技术、良好的品牌声誉等。

4.收入来源

商业模式需要明确说明收入的来源,包括直接销售、广告收入、订阅费用等。

5.成本控制

商业模式应该能够合理控制成本,在保证盈利的同时保持良好的运营和发展。

（二）市场分析评估

市场分析是创业计划书中不可或缺的一部分。创业者需要全面了解所在行业的市场情况,包括市场规模、增长趋势、竞争对手、目标受众等。评估市场分析的标准包括数据来源、市场定位、目标市场和增长潜力等。

1.数据来源

市场分析应该基于可靠的数据来源,例如市场调研机构的报告、行业协会的数据、官方统计资料等。

2.市场定位

创业者需要清楚地定义自己的目标市场,并了解该市场的特点和需求。

3.目标市场

市场分析中应该能够明确创业项目的目标市场,并能够对该市场的规模和潜在客户进行准确的估计。

4.增长潜力

市场分析应该能够展示目标市场的增长潜力,并能够解释创业项目在该市场中的成长空间。

（三）团队能力评估

一个有实力的团队是创业计划书评估的重要标准之一。投资者更倾向于相信一个能够执行计划并具备相关经验和技能的团队。评估团队能力的标准包括管理能力、行业经验和专业技能等。

1.管理能力

创业团队应该有丰富的管理经验和良好的领导能力,能够确保项目的顺利运作和持续发展。

2.行业经验

团队成员应该具备相关行业领域的经验和知识,以提供对创业项目的深入理解和专业支持。

3.专业技能

团队成员应该具备必要的专业技能,例如市场营销、财务管理、技术开发等,以保证项目的各个方面能够得到专业的支持。

(四)财务计划评估

财务计划是创业计划书中关键的一部分,用于展示项目的盈利能力和财务可行性。评估财务计划的标准包括收入预测、成本控制、投资回报和现金流分析等。

1.收入预测

财务计划应该能够合理预测项目的收入,并能够给出可行的预测数据和理由。

2.成本控制

财务计划需要详细列出项目的成本,并给出有效的成本控制措施。

3.投资回报

财务计划应该能够计算出创业项目的投资回报率,并能够证明项目的盈利能力和价值。

4.现金流分析

财务计划需要详细呈现项目的现金流量情况,以证明项目在整个运营周期内的资金需求和回报情况。

(五)风险评估的评价

创业计划书中需要包含对潜在风险的评估和对应的风控措施。评价风险评估的标准包括风险识别、风险可控性和应对措施等。

1.风险识别

创业者需要能够全面识别和分析潜在的市场风险、经营风险和技术风险等。

2.风险可控性

创业计划书需要展示项目团队对潜在风险的应对能力和控制手段。

3.应对措施

创业者需要能够提出针对不同风险的应对措施,以保障项目的顺利进行和稳定发展。

综上所述,创业计划书的评估标准主要包括商业模式、市场分析、团队能力、财务计划和风险评估等方面。创业者在编写创业计划书时应该注意符合这些评估标准,并根据实际情况和目标受众选择合适的格式和内容,提升创业计划书的专业性和吸引力,以提高获得投资和合作的机会。

拓展资源

《"贵在互联"——厦门大学嘉庚学院》(视频)

"贵在互联"是 2018 年第四届中国国际"互联网+"大学生创新创业大赛金奖项目。厦门贵在互联信息科技有限公司(以下简称"贵在互联")于 2017 年 7 月 11 日成立,为阿里巴巴旗下饿了么的城市运营商。"贵在互联"在实现横向地域快速扩张的同时,又布局纵向独立产业链协同发展,产业包括在线外卖业务、即时配送、广告传媒、餐饮业及餐饮供应链。该项目探索即时物流发展,深耕自身广告传媒营销业务,同时利用大数据分析,孵化自有餐饮品牌,打造中小型餐饮业供应链,将所有业务体系互联贯通,致力成为本地生活服务集成式运营商。2019 年,该项目业务涉及福建省内 10 余县市,年流水 4.2 亿元,直接带动就业人数 3000 人,直接服务商户 1.5 万家。

《"贵在互联"——
厦门大学嘉庚学
院》(视频)

学习笔记:＿＿＿＿＿＿＿＿＿＿＿＿＿＿＿＿＿＿＿＿＿＿＿＿＿
＿＿＿＿＿＿＿＿＿＿＿＿＿＿＿＿＿＿＿＿＿＿＿＿＿＿＿＿＿＿＿＿
＿＿＿＿＿＿＿＿＿＿＿＿＿＿＿＿＿＿＿＿＿＿＿＿＿＿＿＿＿＿＿＿
＿＿＿＿＿＿＿＿＿＿＿＿＿＿＿＿＿＿＿＿＿＿＿＿＿＿＿＿＿＿＿＿
＿＿＿＿＿＿＿＿＿＿＿＿＿＿＿＿＿＿＿＿＿＿＿＿＿＿＿＿＿＿＿＿

本章小测

答案及解析

第十章　大学生创新创业大赛

📑 学习目标

1.了解大学生创新创业大赛的具体赛事。

2.了解"创青春"的参赛规则。

3.了解"互联网＋"大赛。

4.从大赛优秀案例中获得启发。

5.学习如何进行创新创业项目孵化。

📚 本章思维导图（见图10-1）

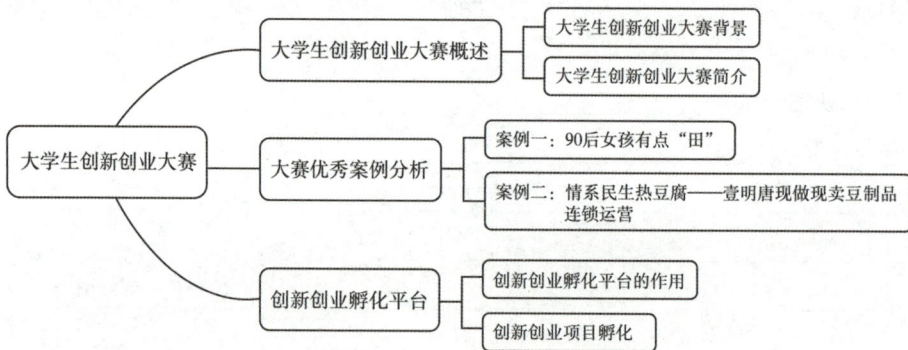

图 10-1　第十章思维导图

课前阅读

第四届中国"互联网＋"大学生创新创业大赛金奖项目：悉之教育（视频）

悉之教育（北京希子教育科技有限公司）成立于2016年，是以人工智能赋能教育行业的企业。作为清华大学孵化企业之一，该企业从政策、资金、人才等方面受到清华三大创新创业平台 i.Center、创＋、x-lab 的共同支持。2018年，悉之教育在第四届中国"互联网＋"大学生创新创业大赛上获得金奖。悉之教育创始人团队由孙一乔、代佩霖、周天宇、古茜、侯煜欣五人组成，他们用科技的力量，开拓世界的边界。在2019年10月17日发布的福布斯中国30岁以下精英榜中，创始人孙一乔霸气登榜。2020年4月2日，福布斯公布了第五届年度30岁以下亚洲精英榜单，中国内地上榜人数为61人，其中，悉之教育创始人团队五人光荣上榜！

阅读笔记：_____

_____

_____

_____

_____

_____

第四届中国"互联网＋"大学生创新创业大赛金奖项目：悉之教育（视频）

创业箴言

让理想信念在创业奋斗中升华，让青春在创新创造中闪光！

——习近平

第一节　大学生创新创业大赛概述

一、大学生创新创业大赛背景

2015年5月，国务院办公厅印发《关于深化高等学校创新创业教育改革的实施意见》（国办发〔2015〕36 号），体现了国家对高校创新创业教育的重视已经提到前所未有的高度。大学生创新创业教育是促进国家科技发展和培育大学生自主核心竞争力的基础，而大学生创新创业赛事是大学生创新创业教育的重要组成部分。大学生创新创业大赛的举办是国家创新发展战略的重要体现，给当代大学生全面发展提供了优质的平台，同时也推动了产学研融合发展。我国出台了很多相关的优惠政策来帮助大学生更好地创新创业，多部委颁发了各项文件以促进创新创业工作的落实。教育部、团中央等也开展了多项关于创新创业的竞赛，国家设立了超过 400 亿元的新兴产业创投资金，并且整合资源，促进创新创业可持续发展。

在国家各项鼓励创新创业的政策的推动下，我国大学生创新创业竞赛活动层出不穷，各类全国性的创新创业竞赛五彩纷呈。1999 年首届"挑战杯"中国大学生创业计划竞赛成功举办；在此基础上，共青团中央、教育部、人力资源和社会保障部、中国科协、全国学联决定，自 2014 年起共同组织开展"创青春"全国大学生创业大赛，每两年举办一次；2009 年，在浙江大学举办了全国大学生电子商务"创新、创意及创业"挑战赛。此外，还有"学创杯"全国大学生创业综合模拟大赛、"博创杯"全国大学生嵌入式设计大赛、全国大学生管理决策模拟大赛等。目前，以中国国际"互联网＋"大学生创新创业大赛和全国大学生职业规划大赛的规模、影响力最大。这些赛事大大促进了大学生创新创业教育，提高了大学生创新创业的积极性。

二、大学生创新创业大赛简介

（一）"创青春" 全国大学生创业大赛

"创青春"是"创青春"全国大学生创业大赛的简称，是"挑战杯"中国大学生创业计划竞赛的改革迭代。为适应大学生创业发展的形势需要，在原有"挑战杯"中国大学生创业计划竞赛的基础上，共青团中央、教育部、人力资源和社会保障部、中国科协、全国学联决定，自 2014 年起共同组织开展"创青春"全国大学生创业大赛，每两年举办一次，下设大学生创业计划竞赛（即"挑战杯"中国大学生创业计划竞赛）、创业实践挑战赛、公益创业赛三项主体赛事。

大学生创业计划竞赛面向高等学校在校学生，以商业计划书评审、现场答辩等作为参赛项目的主要评价内容。

创业实践挑战赛面向高等学校在校学生或毕业未满 3 年的高校毕业生,且应已投入实际创业 3 个月以上,以盈利状况、发展前景等作为参赛项目的主要评价内容。

公益创业赛面向高等学校在校学生,以创办非盈利性社会组织的计划和实践等作为参赛项目的主要评价内容。

以上三项主体赛事需通过组织省级预赛或评审后进行选拔报送。

1."创青春"举办目的

引导和激励高校学生实事求是、刻苦钻研、勇于创新、多出成果、提高素质,培养学生创新精神和实践能力,并在此基础上促进高校学生课外学术科技活动的蓬勃开展,发现和培养一批在学术科技上有作为、有潜力的优秀人才。

2."创青春"基本方式

高等学校在校学生申报自然科学类学术论文、哲学社会科学类社会调查报告和学术论文、科技发明制作三类作品参赛;聘请专家评定出具有较高学术理论水平、实际应用价值和创新意义的优秀作品,给予奖励;组织学术交流和科技成果的展览、转让活动。

3."创青春"选手条件

凡在举办竞赛终审决赛的当年 7 月 1 日以前正式注册的全日制非成人教育的各类高等院校在校专科生、本科生、硕士研究生和博士研究生(均不含在职研究生),都可申报作品参赛。

4."创青春"参赛作品

申报参赛的作品必须是距竞赛终审决赛当年 7 月 1 日前两年内完成的学生课外学术科技或社会实践活动成果,可分为个人作品和集体作品。申报个人作品的,申报者必须承担申报作品 60% 以上的研究工作,作品鉴定证书、专利证书及发表的有关作品上的署名均应为第一作者,合作者必须是学生且不得超过 2 人;集体作品的作者必须均为学生。凡有合作者的个人作品或集体作品,均按学历最高的作者划分至本专科生、硕士研究生或博士研究生类进行评审。

5."创青春"时间安排

一般情况下,赛事年度前一年的 11 月下发通知文件,赛事年度的 4 月份校赛,5 月底完成省赛初评,6 月初由高校直接向组委会报送 3 件作品。6 月 15 日前,省级组织协调委员会组织本地参加终审决赛的学生在"挑战杯"

竞赛官方网站（http://www.tiaozhanbei.net）上报送作品及申报书。

其他详细内容请查阅竞赛官方网站 http://www.tiaozhanbei.net 或 http://www.chuangqingchun.net。

（二）中国国际"互联网＋"大学生创新创业大赛

中国国际"互联网＋"大学生创新创业大赛（简称"互联网＋"大赛）由教育部、中央统战部、中央网络安全和信息化委员会办公室、国家发展和改革委员会、工业和信息化部、人力资源和社会保障部、农业农村部、中国科学院、中国工程院、国家知识产权局、国家乡村振兴局、共青团中央等单位共同主办。大赛的目的在于加快培养创新创业人才，持续激发大学生创新创业热情，展示创新创业教育成果，搭建大学生创新创业项目与社会资源对接平台，即做到"以赛促教，探索人才培养新途径；以赛促学，培养创新创业生力军；以赛促创，搭建产教融合新平台"。

"互联网＋"大赛赛制一般分为校赛（省赛预选赛）、省赛和国赛三个阶段。一般情况下每年3月至6月为校赛，7月至9月为省赛，10月国赛。

大赛设高教主赛道、萌芽赛道、职教赛道和"青年红色筑梦之旅"赛道。高教主赛道面向本科生和研究生，职教赛道面向高职大学生，萌芽赛道面向中职学生，"青年红色筑梦之旅"赛道则面向全体大学生参赛选手开放。

各赛道为处于不同创业阶段的参赛项目设定了参赛组：创意组、初创组和成长组。有的年份也会增设产业命题赛道（赛道方案另行发布）。

"互联网＋"大赛是我国大学生竞赛类活动中涉及面最广、规模最大、影响深远、意义重大的全国性大学生比赛。大赛的举办是国家发展战略的重要体现，给当代大学生全面发展提供了优质的平台，同时也推动了产学研融合发展。我国出台了很多相关的优惠政策来帮助大学生更好地创新创业，多部委颁发了各项文件以促进创新创业工作的落实。

✎ 同步训练

大学生创新创业项目路演介绍

大学生创新创业项目路演介绍

阅读后请思考：如何在规定的时间内完成项目路演的全部内容？

训练笔记：_____

_____

_____

_____

_____

推荐阅读

《"大众创业 万众创新"税收优惠政策指引》

《"大众创业 万众创新"税收优惠政策指引》

请同学们扫描阅读，了解自己在就业、创业过程中应该享受的扶持税收政策，并做好笔记。

阅读笔记：_____

_____

_____

_____

第二节　大赛优秀案例分析

案例一："90 后"女孩有点"田"

在第四届中国"互联网＋"大学生创新创业大赛金奖争夺赛的会场，扬州工业职业技术学院（以下简称"扬工院"）杰出校友丁蓉蓉凭借自身创业经历形成的作品《"90 后"女大学生有点"田"》，与清华大学、浙江大学、北京理工大学等院校的学生同台竞技，最终以就业创业组全国第一名的成绩获得金奖，项目也被评为"最佳带动就业奖"。以下介绍项目及其背景。

《"90 后"女孩有点"田"》路演视频

（一）试种失败——女大学生休学替父"种田"

丁蓉蓉生活在鱼米之乡江苏淮安，从小在父亲经营的蔬菜大棚里长大，对农业有着不同寻常的感情。

2013 年暑假，丁蓉蓉去日本亲戚家玩，吃到一种蔬菜，口感嫩脆爽口。

她了解到这种蔬菜叫冰草,营养成分丰富,在日本深受消费者喜爱。虽然当时冰草价格在日本折合人民币为每斤七八十元,但丁蓉蓉觉得,随着中国老百姓的消费升级,还是会有机会的,于是竭力说服父亲试种冰草。由于回国飞机带不了种子,她后来费了很大周折才将冰草种子引进到国内。父亲试种冰草一年,反复试验都没有成功,发芽率极低,品质还不稳定。

当时进口冰草种子价格昂贵,眼见父亲的投资打了水漂,一向不服输的丁蓉蓉觉得自己有必要做些什么,同时她也不想错过冰草在国内市场发展的机会,于是毅然选择休学。

村里人笑话父亲培养的大学生到头来还是回乡种地。"你的任务就是学习,我不同意你休学。"父亲心疼女儿,不想影响女儿的学业,"再说了,你一个女孩子,哪懂怎么种植冰草。"

丁蓉蓉带着父亲的反对和同村人的不理解开始了她的冰草种植之路。而这一种就是 4 年,她也将土地当作了终生的事业。

(二)有苦有乐——从门外汉变成冰草通

休学期间,她继续冰草的种植试验。从没有干过农活的丁蓉蓉空有一腔热情,却不知道具体该怎么做,但这同时也激起了丁蓉蓉的斗志。因此,她天天吃住在大棚里,晴天一身土、雨天一身泥。为了成功种植冰草,她还上网查找各种资料,到处请教农业专家,经过反复试验,终于在 2014 年冬天找到了适合冰草生长的温度、湿度、土壤酸碱度、光照强度等环境数据,成为江苏省规模化种植冰草的第一人。2016 年春节,丁蓉蓉作为现代农业转型的代表,被江苏卫视采访报道。更让人刮目相看的是,前后经过 18 个月,采用 8 个大棚对 4 个变量进行试验,丁蓉蓉于 2016 年 5 月实现冰草的引种驯化,培育出了新品种——"大叶冰草",打破了国外对冰草种子的长期垄断,将当时 10 万元/千克的进口冰草种子的育种成本降到了 6000 元/千克。

但事实上,她的创业过程并非一帆风顺。

2016 年 9 月,她遭遇了创业以来最大的困难。"当时一心只想着将冰草种植规模扩大,没去考虑推广的问题,结果冰草压在家里销不出去。"丁蓉蓉回忆说,"最穷的时候身上连 200 元都没有,已经准备放弃了。"后来,丁蓉蓉将创业情况告诉了母校创业学院的颜正英老师,在颜老师的帮助下,她申请并顺利获得了学校的创业雏鹰基金 10000 元,"钱虽不多,但在那个时候真是雪中送炭。"丁蓉蓉告诉记者,学校不仅提供了基金,而且还找来专家帮助她解决高产栽培技术和销售的难题。

"学校专门设立了大学生创业雏鹰基金,每年拿出近百万元资助学生创业,为有创业意愿的同学提供资金、场地、技术等全方位扶持。"扬工院副院长傅伟说,"自雏鹰基金设立两年多来,学校已有 21 个自主创业的典型学生(团队),丁蓉蓉只是其中之一。"

（三）持续学习——创业不仅是为了做生意

这一次的经历让丁蓉蓉意识到自己经营企业不仅要懂技术,还要掌握财务、销售、管理方面的知识,于是她在种植的同时还挤出时间去学习农业管理知识,并取得了江苏省农产品经济人高级职业技能证书。在基地慢慢有了起色后,她又回到了学校继续学业,并向经管学院的老师认真学习相关财务、销售知识。

为了解决销售的问题,丁蓉蓉一放假就回家,一家家跑超市、酒店推广冰草,"由于我们是大叶冰草的新品种,口感好,冰珠更多,营养更好,很快得到了市场认可。"父亲种植的多是如大白菜、青椒等普通蔬菜,为了提高农产品利润,丁蓉蓉致力于高经济价值的大叶冰草等稀有果蔬种植和研究,据了解,仅 2018 年上半年,基地冰草、草莓、苦菊等农产品的营业额已突破 1500 万元,其中,冰草不但占据着淮安地区 90% 以上、华东地区 40% 的市场份额,更销往山东、安徽、四川等多个省份。

丁蓉蓉成功了。她的种植基地面积从最初的数十亩迅速扩大到 300 多亩,成为华东最大的冰草种植基地,同时被中华全国供销合作总社评为"全国供销合作社系统农民专业合作社示范社",被江苏省农委评定为"省级园艺作物标准园"。2018 年 6 月,南京市江宁区政府将丁蓉蓉的冰草项目引进到南京谷里国家现代农业示范园,提供 4000 万国际标准的大棚给她从事冰草研究和种植。如今,南京江宁谷里国家现代农业示范园区、淮安码头镇国家农业科技园区里都有她的智能化现代农业设施。当她踌躇满志地站在一排排种植冰草的智能型大棚前,之前那个力排众议的休学创业决定到底是否正确,最终也被时间所验证。父亲也由最初的反对、质疑到现在的支持,"土地总是让人看到希望,蓉蓉不要光想着做生态农业,而是要改变农业生态"。事实上,她不仅得到了市场和父亲的认可,还带动了当地农户的就业,增加了他们的收入。农民原来种植的是萝卜黄瓜辣椒等普通蔬菜,现在种植的是几十元一斤的冰草。"不仅要带动农民致富,还要促进当地农业结构的转型升级,建设好我们美丽的乡村。"

2018 年 7 月,经学校推荐,丁蓉蓉以其自身创业经历形成的作品《"90

后"女大学生有点"田"》,前往南京参加了第四届江苏省"互联网＋"大学生创新创业大赛,在那里一大批创客经验让她获益匪浅,她也如愿获得了一等奖并入围国赛;10月15日,在由厦门大学承办的第四届中国"互联网＋"大学生创新创业大赛中,她与清华大学、浙江大学、北京理工大学等院校的学生同台竞技,其作品再次得到专家认可,以就业创业组全国第一名的成绩获得大赛金奖,项目被评为"最佳带动就业奖"。比赛现场,26家风险投资人纷纷向她伸出橄榄枝。

鲜花和掌声接踵而至,但25岁的丁蓉蓉并没有被成绩冲昏头脑,"人生充满选择,只有持续学习才能让我们探索更多的未知"。

案例二:情系民生热豆腐——壹明唐现做现卖豆制品连锁运营

《情系民生热豆腐——壹明唐现做现卖豆制品连锁运营》路演视频

在第四届中国"互联网＋"大学生创新创业大赛总决赛上,来自常州轻工职业技术学院的参赛项目《情系民生热豆腐——壹明唐现做现卖豆制品连锁运营》荣获就业型创业组金奖,取得了江苏省高职院校参加该赛获得金奖的历史性突破。

此次参赛的项目是该校2015届优秀毕业生闫朝恒在2016年创立的"壹明唐"豆腐连锁品牌。这家以现磨豆腐连锁经营为业务主线的创业企业,解决了"连锁豆制品企业不现磨、现磨豆腐不连锁"的市场问题。公司开发的具有知识产权的智能化设备,将制作时间压缩到2小时之内,大大提升了豆制品的品质。

2012年9月,当闫朝恒背着简单的行囊,从连云港赣榆农村一路辗转走进常州轻工职业技术学院的大门时,并没有想到,他会在这里收获成功和传奇。

从大学期间开始创业并申请多元复合发酵豆腐专利,到毕业时收购常州琼玉豆腐有限公司,再到创立"壹明唐"豆腐连锁品牌,短短几年时间,闫朝恒就成长为远近闻名的"豆腐大王"。闫朝恒坦言,创业的道路并不是一帆风顺的,前进的每一步都离不开母校的支持,更离不开在校期间受到的实践磨砺。

"壹明唐"热豆腐是前店后厂、现做现卖豆制品的连锁专卖店。2016年4月12日正式成立,公司成立不到一年的时间就跻身中国豆制行业品牌全国50强。但是,"壹明唐"在高速成长之后遇到了发展瓶颈。为此学院领导高度重视,组织相关创业指导老师,于 2018 年初专门成立了"'壹明唐'项目咨询团队",与闫朝恒一起梳理规划企业的未来。调研后,项目组将"壹明唐"重新定位,并塑造"供应链＋门店运营＋营销推广"三核驱动优势,确立了依托"壹明唐"资源,打造"1＋N"非遗餐饮品牌孵化的商业模式。该商业模式确立以后,已成功孵化"横山桥百叶""豆市河"等新品牌。

闫朝恒把挑战当成机遇。到 2018 年,"壹明唐"豆腐连锁品牌旗下拥有直营门店 60 家、加盟店 700 家,孵化品牌 15 个,备用品牌 200 余个,年营业收入达到 3630 万元,带动就业 5000 余人,他计划未来 5 年内扩大至 5 万人……他认为,这是他们应该做的,这是当代青年的社会担当。

第三节 创新创业孵化平台

一、创新创业孵化平台的作用

大学生创新创业孵化平台是一个专门为大学生提供创新创业支持和培育的公益平台。它常常由学校、企业、政府等多方共同支持成立。孵化器提供创业团队的办公空间、资金支持、导师辅导、市场推广、创业培训等服务,旨在帮助大学生实现自己的创业梦想。大学生的创新创业项目在创新创业孵化平台将得到比较周全的服务。

绝大多数高校里都设有大学生创新创业项目孵化平台,它们在名称上各不相同,如大学生创新创业孵化基地、创业工场、创客空间、众创空间、创业孵化器等。各地的政府机构和一些企业也会设立面向社会青年创业的孵化平台,一般称作创客空间、众创空间、创新创业基地等。

创新创业孵化平台是在国家政策引导下出现的新事物,其促进了我国的创新驱动发展,对大学生和广大社会青年的创新创业起到了积极的促进作用,主要体现在以下几个方面。

1.提供资源支持

大学生创业经常面临资金、场地、导师等资源的不足。创新创业孵化平台可以为创业者提供经济支持、场地租赁、专业导师等资源,帮助他们克服创业的难题。

2.创业培训与指导

创新创业孵化平台通过组织创业培训、举办创业讲座等方式,为创业者提供专业知识和创业经验的学习平台,帮助他们提高创业技能和管理能力。

3.利于合作与互动

在创新创业孵化平台中,有着众多志同道合的创业团队。通过与其他创业者的合作和互动,创业者可以相互借鉴经验,互相帮助,形成合作共赢的局面。

4.提供市场推广支持

创业者常常面临市场推广的困难,创新创业孵化平台可以提供市场推广方面的支持,帮助创业者扩大市场份额,提高产品或服务的影响力。

二、创新创业项目孵化

创新创业项目孵化是指通过提供资金、技术支持、市场渠道等资源,帮助创新创业者实现产品商业化的过程。通过项目孵化,创业者可以获得更多的机会,降低失败风险,提高创业成功的概率。同时,项目孵化也为投资者提供了更多的投资机会,促进了资本的流动和产业的发展。

（一）如何利用创新创业孵化器

对于大学生来说,如何有效利用创新创业孵化器是关键。以下提供一些建议。

1.深入了解孵化器

在选择入驻孵化器之前,要充分了解孵化器的背景、资源支持等情况,确保孵化器的发展目标和自身的创业计划相契合。

2.寻求合作机会

创新创业孵化器内有着众多的创业者,可以尝试与其他团队合作,互相借鉴经验,共同发展。

3.参与创业培训和指导

创新创业孵化器会不定期组织各类培训、讲座等活动,大学生可以积极参与,提高自己的创业技巧和管理能力。

4.善于利用资源

创业孵化器提供了丰富的资源支持,大学生要善于利用这些资源,比如场地、设备、导师等,为自己的创业项目提供更好的条件。

（二）创新创业项目孵化的方式

大学生的创新创业项目可以通过如下方式得以孵化。

1.创业导师指导

高校可以邀请专业的创业导师来指导大学生创新创业项目的孵化。创业导师可以提供项目评估、行业分析、市场营销等方面的指导,帮助大学生厘清创业思路,降低创业风险。

2.孵化器孵化

高校通常设有孵化器,提供办公场地、技术支持、资金支持等资源,为大学生创新创业项目的孵化提供良好的环境和条件。大学生可以利用孵化器集中各类资源、提供全方位的支持和服务的优势,提升创业项目的成功率。

3.创新创业竞赛

我国政府和各高校每年都会组织各类创新创业相关的竞赛活动,鼓励学生提交创新创业项目的方案,并对优秀创业项目提供一定的奖励和支持。通过创新创业竞赛,大学生可以发掘和完善自己的创新创业项目,并得到进一步的孵化和支持。

👆 案例分享

厦门火炬高新区构建协同共享双创生态圈——国务院督查激励双创示范基地典型

截至 2020 年 8 月,厦门火炬高新区培育国家级高新技术企业 915 家,瞪羚企业 89 家,各级科技小巨人企业 647 家,境内上市企业 13 家,新三板挂牌企业 65 家。2019 年新增 2 家国家级企业技术中心,1 家省级重点实验室,2 家省级企业技术中心,7 家省级新型研发机构;新增 3 家市级重点实验室,7 家市级企业技术中心,1 家市级新型研发机构。拥有国家级孵化器 3 家、国家备案众创空间 21 家、各类众创空间和孵化器合计百余家。

厦门火炬高新区构建协同共享双创生态圈——国务院督查激励双创示范基地典型

_____

_____

_____

_____

_____

推荐阅读

《福建省促进高校毕业生就业创业政策汇编》(2021 年版)

《福建省促进高校毕业生就业创业政策汇编》(2021 年版)

　　请同学们扫描阅读,了解自己在就业、创业过程中应该享受的政策支持,并做好笔记。

　　阅读笔记:_____

_____

_____

_____

_____

本章小测　　　答案及解析

参考文献

[1]习近平.习近平谈创新[N].人民日报海外版,2016-03-01(09).

[2]王建华.现代财务管理[M].合肥:安徽人民出版社,2002.

[3]陈德棉.创业者的素质与创业管理[M].上海:同济大学出版社,2011.

[4]王艳茹.创业资源[M].北京:清华大学出版社,2014.

[5]中国心理卫生协会,中国就业培训技术指导中心.心理咨询师(基础知识)[M].北京:民族出版社,2015.

[6]石泽杰.商业模式创新设计路线图:互联网＋战略重构[M].北京:中国经济出版社,2016.

[7]丛子斌.创新创业教育[M].北京:高等教育出版社,2016.

[8]倪云华.如何打造一流创业团队:创业者最实用的管理指南[M].北京:中国友谊出版公司,2018.

[9]林传科,刘军,丁芹伟.科学创业[M].北京:机械工业出版社,2019.

[10]黄华.如何赢得创新创业大赛[M].北京:化学工业出版社,2019.

[11]李爱华,曹灵芝,杜金玲,等.创业融资管理[M].北京:清华大学出版社,2021.

[12]木志荣.陈嘉庚创业管理之道[M].厦门:厦门大学出版社,2022.

[13]江帆,陈美蓉,戴杰涛.创新与发明[M].杭州:浙江大学出版社,2022.

[14]东尼·博赞.创新思维[M].北京:中国广播影视出版社,2023.

[15]新华社.习近平总书记给第三届中国"互联网＋"大学生创新创业大赛"青年红色筑梦之旅"的大学生的回信[EB/OL].(2017-08-16)[2023-12-20].https://www.gov.cn/guowuyuan/2017-08/16/content_5217973.htm

[16]国务院办公厅.关于加快推进"五证合一、一照一码"登记制度改革的通知[EB/OL].(2016-07-05)[2023-12-20].https://www.gov.cn/zhengce/zhengceku/2016-07/05/content_5088351.htm? ivk_sa＝1023197a.

[17]新华社.依靠创新打造发展新引擎 培育增长新动能[EB/OL].(2016-05-20)[2023-12-23]. https://www. gov. cn/xinwen/2016-05/20/content_5074909.htm

[18]国家税务总局."大众创业 万众创新"税费优惠政策指引[EB/OL].(2021-07-30)[2023-12-23]. https://www. gov. cn/xinwen/2021-07/30/content_5628406.htm

[19]沈洁.霍兰德职业兴趣理论及其应用述评[J].职业教育研究,2010,(7):9-10.